U0534415

广州城市智库丛书

广州市域社会治理现代化转型

赵竹茵　彭林　孙占卿 ◎ 著

中国社会科学出版社

图书在版编目（CIP）数据

广州市域社会治理现代化转型／赵竹茵等著．—北京：中国社会科学出版社，2022.9

（广州城市智库丛书）

ISBN 978－7－5227－0920－8

Ⅰ.①广… Ⅱ.①赵… Ⅲ.①社会管理—现代化管理—研究—广州 Ⅳ.①D676.51

中国版本图书馆CIP数据核字（2022）第184477号

出 版 人	赵剑英
责任编辑	喻 苗
责任校对	胡新芳
责任印制	王 超

出　　版	中国社会科学出版社
社　　址	北京鼓楼西大街甲158号
邮　　编	100720
网　　址	http://www.csspw.cn
发 行 部	010－84083685
门 市 部	010－84029450
经　　销	新华书店及其他书店
印　　刷	北京明恒达印务有限公司
装　　订	廊坊市广阳区广增装订厂
版　　次	2022年9月第1版
印　　次	2022年9月第1次印刷
开　　本	710×1000 1/16
印　　张	12.25
插　　页	2
字　　数	155千字
定　　价	66.00元

凡购买中国社会科学出版社图书，如有质量问题请与本社营销中心联系调换
电话：010－84083683
版权所有　侵权必究

《广州城市智库丛书》
编审委员会

主　任　张跃国
副主任　杨再高　尹　涛　许　鹏

委　员（按拼音排序）
　　　　白国强　蔡进兵　杜家元　方　琳　郭艳华　何　江
　　　　何春贤　黄　玉　罗谷松　欧江波　覃　剑　王美怡
　　　　伍　庆　杨代友　姚　阳　殷　俊　曾德雄　曾俊良
　　　　张赛飞　赵竹茵

总　　序

何谓智库？一般理解，智库是生产思想和传播智慧的专门机构。但是，生产思想产品的机构和行业不少，智库因何而存在，它的独特价值和主体功能体现在哪里？再深一层说，同为生产思想产品，每家智库的性质、定位、结构、功能各不相同，一家智库的生产方式、组织形式、产品内容和传播渠道又该如何界定？这些问题看似简单，实际上直接决定着一家智库的立身之本和发展之道，是必须首先回答清楚的根本问题。

从属性和功能上说，智库不是一般意义上的学术团体，也不是传统意义上的哲学社会科学研究机构，更不是所谓的"出点子""眉头一皱，计上心来"的术士俱乐部。概括起来，智库应具备三个基本要素：第一，要有明确目标，就是出思想、出成果，影响决策、服务决策，它是奔着决策去的；第二，要有主攻方向，就是某一领域、某个区域的重大理论和现实问题，它是直面重大问题的；第三，要有具体服务对象，就是某个层级、某个方面的决策者和政策制定者，它是择木而栖的。当然，智库的功能具有延展性、价值具有外溢性，但如果背离本质属性、偏离基本航向，智库必会惘然自失，甚至可有可无。因此，推动智库建设，既要遵循智库发展的一般规律，又要突出个体存在的特殊价值。也就是说，智库要区别于搞学科建设或教材体系的大学和一般学术研究机构，它重在综合运用理论和知识分析研判重大问题，这是对智库建设的一般要求；同时，具体到一家智库个体，又要依据自身独一无二的性质、类型和定位，塑造独特个性和鲜明风格，占据真正属于自己的空间和制高点，这是智库独立和自立的根本标志。当前，智库建设的理论和政策不一而足，实践探索也呈现出八仙过海之势，这当然有利于形成智库界的时代标签和身份识别，但在热情高涨、高歌猛进的大时代，也容易盲目跟风、漫天飞舞，以致破坏本就脆弱的智库生态。所以，我们可能还要保持一点冷静，从战略上认真思考智库到底应该怎么建，社科院智库应该怎么建，城市社科院智库又应该怎么建。

广州市社会科学院建院时间不短，在改革发展上也曾经历曲折艰难探索，但对于如何建设一所拿得起、顶得上、叫得响的新型城市智库，仍是一个崭新的时代课题。近几年，我们全面分析研判新型智库发展方向、趋势和规律，认真学习借鉴国内外智库建设的有益经验，对标全球城市未来演变态势和广州重大战略需求，深刻检视自身发展阶段和先天禀赋、后天条件，确定了建成市委、市政府用得上、人民群众信得过、具有一定国际影响力和品牌知名度的新型城市智库的战略目标。围绕实现这个战略目标，边探索边思考、边实践边总结，初步形成了"1122335"的一套工作思路：明确一个立院之本，即坚持研究广州、服务决策的宗旨；明确一个主攻方向，即以决策研究咨询为主攻方向；坚持两个导向，即研究的目标导向和问题导向；提升两个能力，即综合研判能力和战略谋划能力；确立三个定位，即马克思主义重要理论阵地、党的意识形态工作重镇和新型城市智库；瞄准三大发展愿景，即创造战略性思想、构建枢纽型格局和打造国际化平台；发挥五大功能，即咨政建言、理论创新、舆论引导、公众服务、国际交往。很显然，未来，面对世界高度分化又高度整合的时代矛盾，我们跟不上、不适应的感觉将长期存在。由于世界变化的不确定性，没有耐力的人常会感到身不由己、力不从心，唯有坚信事在人为、功在不舍的自觉自愿者，才会一直追逐梦想直至抵达理想的彼岸。正如习近平总书记在哲学社会科学工作座谈会上的讲话中指出的，"这是一个需要理论而且一定能够产生理论的时代，这是一个需要思想而且一定能够产生思想的时代。我们不能辜负了这个时代"。作为以生产思想和知识自期自许的智库，我们确实应该树立起具有标杆意义的目标，并且为之不懈努力。

智库风采千姿百态，但立足点还是在提高研究质量、推动内容创新上。有组织地开展重大课题研究是广州市社会科学院提高研究质量、推动内容创新的尝试，也算是一个创举。总的考虑是，加强顶层设计、统筹协调和分类指导，突出优势和特色，形成系统化设计、专业化支撑、特色化配套、集成化创新的重大课题研究体系。这项工作由院统筹组织。在课题选项上，每个研究团队围绕广州城市发展战略需求和经济社会发展中重大理论与现实问题，结合各自业务专长和学术积累，每年年初提出一个重大课题项目，经院内外专家三轮论证评析后，院里正式决定立项。在课题管理上，要求从基本逻辑与文字表达、基础理论与实践探索、实地调研与方法集成、综合研判与战略谋划等方面反复打磨锤炼，结项仍然要经过三轮评审，并集中举行重大课题成果发布会。在成果转化应用上，建设"研究专报＋刊物发表＋成果发布＋媒体宣传＋著作出版"组合式转化传播平台，形成延伸转化、彼此补充、互相支撑的系列成果。自 2016 年以来，广州市社会科学院已组织开展 40 多项重大课题研究，积累了一批具有一定学术价值和应用价值的研究成果，这些成果绝大部分以专报方式呈送市委、市政府作为决策参考，对广州城市发展产生了积极影响，有些内容经媒体宣传报道，也产生了一定的社会影响。我们认为，遴选一些质量较高、符合出版要求的研究成果统一出版，既可以记录我们成长的足迹，也能为关注城市问题和广州实践的各界人士提供一个观察窗口，是很有意义的一件事情。因此，我们充满底气地策划出版了这套智库丛书，并且希望将这项工作常态化、制度化，在智库建设实践中形成一条兼具地方特色和时代特点的景观带。

感谢同事们的辛勤劳作。他们的执着和奉献不但升华了自我，也点亮了一座城市通向未来的智慧之光。

广州市社会科学院党组书记、院长

张跃国

2018 年 12 月 3 日

目　录

绪　论 …………………………………………………… (1)
　一　研究背景与意义 ……………………………………… (1)
　二　研究目标与思路 ……………………………………… (3)
　三　主要观点 ……………………………………………… (4)
　四　研究方法 ……………………………………………… (6)

第一章　广州市域社会治理现代化研究框架 …………… (8)
　一　社会治理及市域社会治理现代化的内涵 …………… (8)
　二　广州市域社会治理现代化分析体系建构 …………… (14)

第二章　民商事纠纷化解：吸纳专业社会力量参与 …… (23)
　一　纠纷化解治理体系基本情况 ………………………… (23)
　二　纠纷化解治理能力整体状态 ………………………… (33)
　三　典型做法：支持专业社会力量参与 ………………… (45)
　四　小结 …………………………………………………… (46)

第三章　公共安全：依托新技术的智能化治理 ………… (48)
　一　基本民生安全的治理情况 …………………………… (49)
　二　公共安全认知调查及治理 …………………………… (54)
　三　典型做法：警民联动的治理模式 …………………… (69)

四　小结 …………………………………………………………（73）

第四章　环境污染：从工程治理到社会治理 …………………（75）
　　一　垃圾分类 ……………………………………………………（77）
　　二　河涌治理 ……………………………………………………（84）
　　三　典型案例：车陂涌治理 ……………………………………（89）
　　四　小结 …………………………………………………………（93）

第五章　人口融合：服务型政府与"政社协同" ………………（95）
　　一　外来人口的治理变迁：理念、体系和能力 ………………（95）
　　二　政府治理能力的局限与社会组织参与 …………………（101）
　　三　典型案例：三元里来穗人员城市融合试点 ……………（110）
　　四　小结 ………………………………………………………（117）

第六章　城市更新：党建引领下的协同共治 …………………（118）
　　一　广州城市更新治理体系基本情况 ………………………（121）
　　二　广州城市更新治理能力整体状态 ………………………（136）
　　三　典型案例：大源村城市更新 ……………………………（143）
　　四　小结 ………………………………………………………（146）

第七章　广州市域社会治理现代化升级的对策建议 …………（147）
　　一　广州市域社会治理转型的主要特点及成效 ……………（148）
　　二　完善广州市域社会治理体系的宏观对策 ………………（157）
　　三　提升广州市域社会治理能力的具体建议 ………………（160）

附　录 ……………………………………………………………（168）
　　一　调研访谈目录 ……………………………………………（168）
　　二　关于广州市民纠纷化解态度调查问卷 …………………（169）

三　广州市民公共安全公众认知调查问卷 …………（172）

参考文献 ……………………………………………（176）

图 目 录

图 0-1　研究思路 …………………………………………（3）
图 2-1　广州两级法院 2015—2020 年办案基本情况 ……（35）
图 2-2　广州律师人数分布 ………………………………（36）
图 2-3　广州律师年龄统计 ………………………………（37）
图 2-4　您对社区法律服务的看法 ………………………（38）
图 2-5　您认为以下哪种方式，最有可能让纠纷得到
　　　　顺利解决 ……………………………………（40）
图 2-6　如果您有一笔债权无法收回会如何处理 ………（41）
图 3-1　2020 年广州城市居民消费价格指数环比和
　　　　同比变化 ……………………………………（51）
图 3-2　经济形势司法指数（截至 2020 年 9 月 19 日）
　　　　………………………………………………（53）
图 3-3　治安形势司法指数 ………………………………（54）
图 3-4　受访者受教育情况分布 …………………………（56）
图 3-5　受访者职业分布 …………………………………（57）
图 3-6　受访者获取新闻的主要渠道 ……………………（57）
图 3-7　对目前家庭经济情况的满意程度 ………………（58）
图 3-8　预计未来两年内您的家庭收入状况 ……………（59）
图 3-9　对未来两年家庭收入预期 ………………………（59）

图3-10　未来一两年可能影响您家庭经济状况的风险
　　　　因素 ………………………………………………（60）
图3-11　采取了哪些措施预防家庭面临的未来风险 ……（61）
图3-12　您对国家当前反腐工作的满意程度 ……………（61）
图3-13　您对国家经济发展未来信心程度 ………………（62）
图3-14　您对中国未来两年经济发展形势的判断 ………（62）
图3-15　中美贸易冲突对您未来一到两年生活的
　　　　影响 ………………………………………………（63）
图3-16　您认为未来一两年中国与其他国家发生
　　　　军事冲突的可能性 ……………………………（64）
图3-17　未来一两年可能影响中国社会稳定的因素 ……（64）
图3-18　您对广州社会治安情况的满意程度 ……………（65）
图3-19　未来两年影响广州公共安全的前三项问题 ……（66）
图3-20　您认为未来两年广州的经济发展情况将会
　　　　如何 ………………………………………………（66）
图3-21　您是否考虑过未来两年离开广州到其他地方
　　　　工作或生活 ………………………………………（67）
图3-22　不同学历层次意向留在广州发展的比例 ………（67）
图6-1　广州城市更新局设立初期的机构设置 …………（125）

表 目 录

表 0-1　广州社会治理现代化转型模式 …………………（5）
表 1-1　市域治理体系的制度安排 ………………………（15）
表 2-1　广州行政复议相关的主要规范性文件 …………（30）
表 2-2　信访相关的法律规定 ……………………………（31）
表 3-1　2020 年上半年广州常住居民人均可支配收入
　　　　和支出 …………………………………………（50）
表 3-2　2020 年上半年广州市常住居民消费情况 ………（60）
表 6-1　近年来各级党组织关于城市更新的主要
　　　　活动 ………………………………………………（123）
表 6-2　法律、法规中关于城市更新的规定 ……………（127）
表 6-3　广州市级城市更新立法及相关文件 ……………（128）
表 6-4　广州城市更新公众参与的相关规定 ……………（131）
表 7-1　广州社会治理现代化转型模式 …………………（148）
表 7-2　五个代表性治理模式的基本情况 ………………（150）

绪　　论

一　研究背景与意义

治理在近年来逐步成为中国改革和发展的关键词，不仅被用于界定全面深化改革的总目标，作为全党的重大战略任务，还被广泛用于阐述党和国家治国理政的根本理念和政策指向。随着中央文件以社会治理概念延展并涵盖社会管理，社会治理现代化的提法日渐清晰和完善。党的十八届三中全会明确提出，全面深化改革的总目标是完善和发展中国特色社会主义制度，推进国家治理体系和治理能力现代化[①]；在党的十九届四中全会上，中共中央就上述全面深化改革总目标的若干重大问题形成决定[②]，明确提出加快推进市域社会治理现代化。在深圳经济特区建立40周年庆祝大会上，习近平总书记强调，要树立全周期管理意识，加快推动城市治理体系和治理能力现代化，努力走出一条符合超大型城市特点和规律的新路子。

2019年12月，全国市域社会治理现代化工作会议指出，市域层面具有丰富的治理资源和手段，关键要通过体制创新、机制完善、制度建设，把分散的资源聚起来；要健全完善信息互

[①] 党的十八届三中全会《中共中央关于全面深化改革若干重大问题的决定》。
[②] 党的十九届四中全会《中共中央关于坚持和完善中国特色社会主义制度、推进国家治理体系和治理能力现代化若干重大问题的决定》。

通、资源共享、工作联动机制,完善社会协同体制,完善人民群众参与基层社会治理的制度化渠道。会议提出,从2020年开始在全国范围内开展市域社会治理现代化试点工作,2020—2022年为第一期,2023—2025年为第二期。会议要求各地市对标《全国市域社会治理现代化试点工作指引》进行自我评估,选择申报第一期或者第二期试点;未列入试点的地市,也要对标《工作指引》同步起跑。

广州是国家中心城市。改革开放后,人口迅速增长,从1982年的314.83万人增长到2020年末的1867.66万人,其中流动人口937.88万人,已经超过总人口的一半,而且仍然呈增长趋势。[①] 与此同时,广州作为重要的全球经贸枢纽,外国人数量长年位居内地城市前列。第七次全国人口普查显示,广东省外籍人士超过41万,位居全国第一,而广州则是广东省内外籍人士重要的聚居地。在新冠肺炎疫情之前,广州居住超过6个月的外籍人士高峰期接近12万。[②] 由于城市地位特殊、人口增长迅速,广州市域社会治理不仅要面对国内城市的普遍性问题,还面临维护国家安全、促进对外开放、加强城市融合等特殊性问题。广州市域社会治理现代化既针对国家统一治理的执行活动,又指向在市级权限范围内结合自身地理空间特点、历史沿革禀赋和人文社会基因而开展的创新实践。

当前广州市域社会治理形势复杂。由于疫情防控以及国内外经济下行带来的压力,今后一段时间是广州市域社会治理的克难攻坚期。对广州市域社会治理现代化展开系统性研究,有利于回应超大城市社会治理的现实需求,主动破解社会结构变化引发的矛盾外溢难题、应对外来人口增多导致的治安问题多

[①] 数据整理自广州市统计局:《广州市第七次全国人口普查公报》,来源:http://www.gz.gov.cn/zwgk/sjfb/tjgb/content/post_7286268.html。

[②] 王亮:《大都市涉外社区治理》,中国社会科学出版社2018年版,第12—13页。

变挑战、补齐人员结构复杂下优质公共服务供给不足短板，提升市域社会稳定、公共安全和公共服务的供给水平，通过探索总结，为同类城市应对相似问题输出解决方案，讲好社会治理领域的广州故事。同时，还有助于落实中央全会精神，促进国家治理制度建构，推动中国特色社会主义制度的坚持和完善，提升国家治理体系和治理能力现代化水平。

二 研究目标与思路

本课题围绕中央部署的市域社会治理现代化工作目标展开研究。市域社会治理现代化的两个重要目标是提升市域防控风险与服务群众水平。在提升防控风险水平方面，与城市治理密切相关的是社会稳定风险防范和公共安全风险防范，因此，本课题选择纠纷化解、公共安全治理两个领域进行研究。在提升服务群众水平方面，根据中央、广东省和广州市相关工作部署，本课题从人口、城市和环境方面选择外来人口融合、环境治理和城市更新三个领域进行研究。通过对以上五个治理领域的分析研究，本课题力图呈现当前广州社会治理的创新模式及现代化转型趋势，从而更好地服务相关决策，促进广州高质量发展。

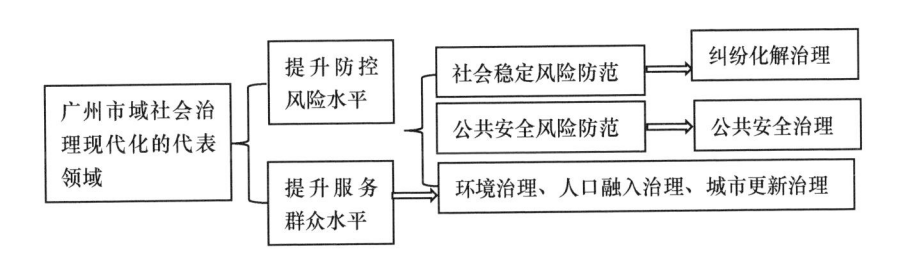

图 0-1 研究思路

本课题以治理理论为基础，基于国家社会互嵌框架分析广州社会治理的主要问题，对广州社会治理创新实践重点领域的治理模式进行类型化分析，在治理体系方面重点探讨制度供给的现状和问题，在治理能力方面重点分析权力运行的改革和创新空间，对广州社会治理升级进行战略思考，针对纠纷化解、公共安全、环境治理、人口融合和城市更新五个领域，提出进一步发展的对策建议。

三　主要观点

第一，市域社会治理现代化涉及的城市治理变革，包括以下几个方面：一是制度化，要逐步规范各种治理活动，使完备、稳定、科学的制度成为治理基础；二是法治化，集中体现为依法治理，确定法律是公权力和社会全体成员的行为规范；三是民主化，将治理落实到透明的公共政策制定、实施过程和有效的公众参与机制之中；四是多元化，鼓励不同类型的社会治理模式创新，通过市场主体、社会组织等运行为社会治理赋能；五是智能化，通过对移动通信、大数据、开源技术成果的应用，更直接敏锐地获得治理信息，进行更高效精准的决策。

第二，治理现代化的五大主要特点在广州城市治理的主要领域均能得到体现，但通过不同政策领域之间的横向比较可以发现，某些治理现代化创新趋势在某个政策领域会更加突出，产生的治理效果会更好。以本研究选取的广州城市治理五大重点领域为例，制度化、法治化、民主化、多元化和智能化在民商事纠纷化解、公共安全、环境污染、人口融合和城市更新等领域均有发展，但在面向商事和民事的纠纷化解领域，治理主体多元化的趋势与纠纷化解效果提升的关联更明显。在城市公共安全领域，制度化、法治化以及公众参与水平都得到持续提高，但信息化技术和大数据的深度植入是广州公共安全治理能力和治理效果显著提升的重要特点，也是这个领域治理现代化的更突出亮点。

表0-1　　　　　广州社会治理现代化转型模式

治理领域	治理现代化转型特点
纠纷化解	支持专业化的行业力量参与
公共安全	以新技术+新组织为基础的群防群治2.0
环境保护	高度制度化、科学化的立法、行政问责和公众参与
人口融合	高度制度化的政社协同，专业社会组织成为重要的创新主体
城市更新	强化基层党组织的组织力和统合引领能力

第三，广州市域社会治理水平要进一步提升，需要改变过于强调行政管控和职能部门包办的治理方式。这样的治理方式无法应对日益复杂的社会利益诉求，不仅没能站在"放管服"的高度释放社会力量的治理潜能，分担官方的治理压力，还放大了行政体系协调性弱、灵活度差、创新能力不足等弱点。整体来看，治理体系统筹政治、行政、法治和自治资源开展协同治理的机制不够完善，资源获取、社会渗透、回应和创新方面的治理能力尚需强化，多元共治协商赋能的治理格局尚待形成，社会治理制度化、法治化、民主化、多元化、智能化水平都有待提升。

第四，为了实现社会治理现代化的目标，在治理体系方面，广州要高度重视，进行前瞻性市域社会治理布局，促进社会治理制度体系的形成；构建平台，打造立体化市域社会治理体系，为治理智能化创造空间；改革创新，培育多元化市域社会治理主体，促进社会治理民主化转型；积极实践，探索多样化市域社会治理模式；依法治理，形成法治化市域社会治理氛围。针对本课题五个研究领域的治理能力，广州应当补齐短板，强力保障纠纷化解结果有效执行，为多元化治理提供支撑；协商共治，发动群防群治维护公共安全，促进社会治理智能化实践；夯实基础，协调部门资源规范环境治理，进一步强化法治手段运用；开拓思路，吸纳社会组织服务人口融合，形成社会治理多样化探索经验；把握趋势，强化信息技术支撑城市更新，促进党建引领社会治理的进一步制度化完善。

四 研究方法

本研究以定性分析为主，定量分析为辅，主要的一手数据采集方法包括访谈、参与式观察和问卷调查（访谈信息和问卷信息见附件）。

（一）访谈

针对本课题的五个研究领域，展开访谈调研。一对一深度访谈和焦点小组访谈是本课题重要的一手数据采集方法，主要访谈对象包括各级职能部门公务人员、事业单位工作人员、社会组织工作人员、学者、媒体记者和普通市民。

（二）问卷

主要应用在纠纷化解和公共安全治理两个领域的研究中。课题组重点针对公众的纠纷化解态度以及公共安全认知设计了两套问卷，并委托专业机构主要通过在线形式投放2000份。

（三）参与式观察

主要应用于环境保护、人口融合和城市更新治理三个领域的研究中。包括现场直接观察和参与式观察。课题组成员通过在党政部门配合工作、开展决策咨询研究、参与职能部门专项研究和社会组织评审等多种方式,从深入研究对象的日常运作中获取了大量一手数据,对访谈和问卷结果形成补充。

第一章　广州市域社会治理现代化研究框架

一　社会治理及市域社会治理现代化的内涵

市域社会治理现代化是党和国家指导国内城市推进地方治理的重要理论和工作部署，同时也是各级党政部门、多元力量开展社会治理的具体实践。市域社会治理现代化的核心是治理，社会治理是治理的一个维度，现代化指明了治理的变革方向，市域明确了治理改革的地理空间和制度边界。

(一) 社会治理的内涵及国家社会关系

治理是党的十八大以来中国改革和发展的关键词之一，不仅被用来界定全面深化改革的总目标，作为全党的重大战略任务，还被广泛用来阐述党和国家治国理政的理念和政策目标，这一概念对于理解和阐释当前中国国家和社会的发展趋势、特点具有重要意义。

治理传统上的主体是政府或者其代表者——政治精英。从20世纪90年代开始，受到新自由主义意识形态和理论的影响，治理开始被用来描述一种"去国家化"的公共决策和公共管理模式，强调包括企业和社会组织在内的各种社会力量在公共政策制定和实施过程中的重要性，强调公共决策和执行过程中的主体多元化和去中心化，超越以政府为中心、层级化、单向度的传统治国理政模式。

治理在中国的政策和理论表述中与西方片面强调去国家化的新自由主义治理理念存在根本区别，高度强调党的领导和国家主导地位。在坚持中国共产党领导和中国特色社会主义制度的根本前提下，党的十八大以来党和国家强调的社会治理体现出对传统封闭式、强制性管理模式的反思和超越，体现出执政党对日益多元的社会利益、日益复杂的社会问题的积极回应，对治理主体多元化、治理过程开放化和治理方式法治化的追求趋势。

党的十八届三中全会《中共中央关于全面深化改革若干重大问题的决定》（下称党的十八届三中全会《决定》）提出，要实现"提高党科学执政、民主执政、依法执政水平，提高国家机构履职能力，提高人民群众依法管理国家事务、经济社会文化事务、自身事务的能力"，这里的治理主体包括了党、国家机构和人民群众。可见，在中国政治语境中，社会治理没有"去国家化"倾向，党和政府所代表的国家是最核心、最关键的治理主体，但是在此基础上承认并且推动治理主体的多样性；在党和国家的领导下，治理过程的参与者不仅包括广义上的人民群众，还包括相对具体的企业、社会组织和公民个体等。

中央文件的上述论述与当前治理实践的发展趋势一致。治理既可以被理解成一种政治手段，本意接近于统治或者管理，也可以被理解为一个涉及政策制定和执行的过程。[①] 不论是作为手段还是过程，治理都必然涉及国家与社会互动，涉及权力和公共资源在政府、企业、非营利部门甚至草根民间社会之间的分配和流动。例如，随着市场经济的发展，企业和民间社会掌

---

① 王绍光：《治理研究：正本清源》，《开放时代》2018年第2期。

握了大量的公共资源，可以代表和传导社会利益，主动参与社会管理，影响法律和公共政策。因此，"去国家化"的治理观念不仅不符合中国当前的治理实践，也不符合国际社会的治理发展趋势。

从全国乃至全球趋势看，信息通信技术（ICT）的进步正在加速推动治理主体多元化。ICT的快速发展和普及促进了政府治理能力的提升，还为非政府行为体赋能，推动深刻的治理理念和思维变革，引发治理主客体关系重新界定，促进政府内部关系以及国家社会关系变化。例如，随着网络科技企业和电商行业的崛起，产生了掌握个人行为大数据资源的商业组织，它们具备了前所未有的影响社会公众甚至政府行为的能力。ICT正在不断催生去中心化、追求开源共享的新型经济组织和社会组织形态，进一步消解政府和大型企业对治理资源的垄断，促进社会组织与国家和政府成为共同治理主体。

从治理对象看，与国家、社会以及个人相关的事务都属于治理范畴。如果将治理视为活动过程的话，社会治理的对象体现为社会需求与公共产品供给之间的互动关系，其中既包括社会需求层面内容，也包含公共产品供给方面内容。在社会需求与公共产品供给的关系体系中，社会需求处于主导地位，社会需求治理是社会治理对象的核心要素。在社会治理中要加强社会需求与供给之间的制度关系研究与建设，提升社会需求品质，提升公共产品供给能力。[①]

公共治理是公共政策制定和执行过程，不论是由国家主导，还是由社会推动，都必然涉及国家与社会互动，涉及公共权力在政府、企业、非营利部门甚至草根民间社会之间的分配和流动。本书将透过国家—社会关系框架，分析城市治理的过程和

[①] 张昱、曾浩：《社会治理是什么？》，《吉林大学社会科学学报》2015年第5期。

效果。具体来讲，是比较不同政策领域的治理资源和治理能力在国家和社会主体之间的分布和流转特点，及其对城市治理效果产生的具体影响，并针对现代化的具体目标提出具有实操性的对策建议。

超大城市治理涉及的利益和内容高度复杂，虽然存在仅仅依靠国家资源和强制力就能推行政策的情况，[①] 但很多公共政策的制定和执行还是要依托于良性的国家社会互动，需要顺畅的社会协商协同。随着电商行业、电竞行业、开源社区、活跃在社交媒体的亚文化群体快速发展，许多超越现有政府治理和社会自发治理手段的现象，为通过制度供给提升治理能力提供了自下而上的新动力。新技术、新业态推动治理资源和治理能力呈现分散化、多中心化趋势，要求我们对治理的理解要超越单中心、单向度、静态化的分析思路，转向更加注重权力开放性及国家与社会互动的研究路径。

（二）现代化指明的社会治理变革方向

治理现代化指明了社会治理的变革方向。根据习近平总书记和中央文件的系列论述，治理现代化包括治理体系和治理能力两个维度的现代化。

1. 治理体系现代化

党的十八届三中全会《决定》指出，治理体系现代化是"为党和国家事业发展、为人民幸福安康、为社会和谐稳定、为国家长治久安提供一整套更完备、更稳定、更管用的制度体系"。以上论述将制度作为治理体系的核心要素，并且从制度的发展水平和功能两个方面对什么是治理体系现代化做出界定。

[①] Michael Mann, *Sources of Social Power*, Volume 1, *A History of Power from the Beginning to A. D. 1760*, Cambridge University Press, 1993.

从制度发展水平来看，治理体系现代化是指国家各项制度变得越来越"完备""稳定"和"管用"，以上三个指标分别对应制度的细化程度、连贯性和有效性。从（制度）体系的功能来看，现代化服务于明确的政治、社会和经济等目标，"党和国家事业发展""人民幸福安康""社会和谐稳定"和"国家长治久安"分别对应政治发展、社会发展、国家内部安全和国家外部安全。

2. 治理能力现代化

对于什么是治理能力，党的十八届三中全会《决定》的提法是"党科学执政、民主执政、依法执政水平""国家机构履职能力"以及"提高人民群众依法管理国家事务、经济社会文化事务、自身事务的能力"，大致可以归纳为执政能力、行政能力和社会自治能力。中央对治理能力现代化的界定着眼于治理权力的运行过程，即任何一类治理主体（党、国家机构、人民群众等）运用治理权力都要符合规则、遵守法律；"实现党、国家、社会各项事务治理制度化、规范化、程序化""增强按制度办事、依法办事意识，善于运用制度和法律治理国家"。上述强调法律规则的论述与理论界对现代化基本特征的定义高度重合。学界对现代化的一个基本共识就是法治化，强调成文的法律对统治者和被统治者的共同约束。

此外，中央对治理现代化的界定还突出体现了对数字化、智能化趋势的重视。党的十九大报告强调要提高社会治理的智能化水平，提出大数据技术是实现社会治理智能化的重要手段。推进市域社会治理现代化试点工作的要求也明确提出要"智治"，要求在强化职能部门管控能力的同时提升治理数字化和智能化。

（三）作为地理空间和制度边界的市域

"市域"为社会治理现代化划定了分析边界，也指明了社会治理改革创新的地理空间和制度边界。根据相关工作部署,市域社会治理所指的市域是设区的市,可以广义地理解为城市。截至2019年,全国设区的市共计290个,其中城区常住人口超过1000万的超大城市有10个。广州不仅是设区的市,也是超大城市,由于对外交往密切、人流物流信息庞杂,广州的市域治理不仅是中国设区的市地方治理的典型代表,还是全球超大城市治理的重要样本。

市域在地理空间上具有明确的疆界范围,但作为制度空间的边界划定相对模糊,而且具有很强的动态性。在广州行政区域内,城市治理同时涉及户籍人口和非户籍人口,非户籍人口中的流动人口和入境外国人的治理相对复杂,时常涉及他们在广州域外的活动。同时,城市治理不仅面向具体的人,还面向处于变动状态的社会关系、社会组织等,它们的运行范围较广,使城市治理的地理空间经常超越广州的行政区域。在制度空间方面,较为特殊的问题是,某项制度或者政策的适用范围可以用来确定治理的制度边界,但某些地方立法、产权制度以及对其进行执行的行政力量无法稳定、有效地延伸到城中村,当城中村不属于城市制度权限的渗透范围时,就可能成为市域治理中的模糊地带。

在中国政治体制下,市域治理可以在一定程度上视为国家治理在城市层面的体现,城市治理的整体制度体系设计参照中央和上级党政机关的制度安排;但在市级层面,地方立法、政策制定、机构设置等具体环节并非同上级部门完全对应[①],而是具有一定的灵活性和创新空间。

---

① 例如,垃圾管理在广州市的主管单位是城市管理部门,但广东省和中央在相关领域直接对口的上级部门是住房和建设管理部门。

二 广州市域社会治理现代化分析体系建构

（一）治理体系和治理能力现代化

基于对市域社会治理现代化内涵和国家—社会关系框架的简要阐释，本课题选择从体系和能力两个维度分析广州市域社会治理现代化水平，即治理体系越发达、总体治理能力越强，市域社会治理现代化的水平就越高。为了满足科学分析的需要，治理体系和治理能力两个解释变量需要细化，同时治理现代化的内涵也需要进一步明确。

1. 治理体系：制度供给者的多元性

治理体系是治理效果的关键解释变量，本研究对治理体系的界定以党的十八大以来中央文件的相关表述为基础。上述文件将制度作为界定治理体系的核心要素。在学术领域，制度既可以理解为成文的正式法规以及有具体组织边界和分工结构的政府机构；也可以理解为约束政治行为体行动和选择偏好的相对稳定的规则，既包括成文的正式制度，也包含不成文、基于组织内部共识甚至社会共识形成的非正式制度。中央文件关于制度的阐述中，上述两种思路兼而有之，但更强调正式制度。例如，党的十九届四中全会《中共中央关于坚持和完善中国特色社会主义制度、推进国家治理体系和治理能力现代化若干重大问题的决定》归纳出十三种需要坚持和完善的制度体系，总体上属于以正规政治组织和成文规则为基础的制度。

"体系"指相互影响的多个部分的集合，治理体系意味着多种与公共治理相关的制度集合，并且这些制度相互关联、相互影响。需要注意的是，在实务部门的话语体系中，"体系"往往同具体的"条条块块"职能分工相对应。例如，关于市域社会治理现代化试点工作的四大体系，与政法部门分管的事务性工作领域具有一定的对应性，中央层面各种部署提到的体系也大体上对应党政部门的主要职能分工。尽管实务部门对体系的理解带有明显的静态性，但对分析框架的构建还是具有启发意义。

本研究结合政治理论、相关文件精神、城市治理宏观内容和广州具体情况将市域治理制度体系分成四类，即政治、行政、法治和自治体系。每个治理体系下又包含一系列相对中观并且相互联系的制度安排（参见表1-1）。

表1-1　　　　　　　　市域治理体系的制度安排

一级指标	二级指标	衡量标准
政治体系	党委基本组织结构（部门构成、分工）、以各级党委为基础的政治领导制度	完备（细化程度）规范（是否成文、公开，创设和变更过程是否符合法定流程）稳定（是否频繁修改变化、是否具有较高连贯性）
行政体系	行政部门基本组织结构（部门构成、分工）、跨部门协调制度、跨层级协调制度	
法治体系	基本组织结构（职能部门构成）、成文法律法规、立法制度、司法制度、监督制度	
自治体系	社会议事制度、社会自我管理制度、社会动员体系	

治理体系搭建所需的资源的供给者并不总是国家。虽然国家行为体是治理体系中最核心的供给者和变化推动者，但是在市场经济高度发展的背景下，具有赋能作用的科技手段快速普及，使越来越多的社会行为体具备了影响和创设公共制度的能力。在纠纷化解、公共安全、环境保护、外来人口城市融合和城市更新等治理领域中，企业和社会组织在参与或独立提出创新制度、影响地方立法方面都具有成功案例。

需要特别说明的是，本研究不采用制度主义或者结构主义分析路径，不将制度视为难以改变的限定性背景因素，而是将制度本身视为一种治理资源，治理主体可以成为这种特定治理资源的占有者、生产者和运用者，关注治理主体的能动性和适应性。

2. 治理能力：多主体的分析视角

中央系列文件对治理能力进行了系统论述，但是从研究分析角度看，治理能力仍然较为宏观，有必要进一步细化。本研究从多元治理主体（国家行为体和社会行为体）以及治理主客体互动的角度进一步细分出四个具有广泛适用性的次级指标，包括资源获取能力、社会渗透能力、回应能力和创新能力。

资源获取能力主要用来衡量治理主体是否能有效动员实现治理目的所需要的公共资源，属于基础性能力。传统的治理资源主要与政府联系在一起，往往指财政、人力和行政组织资源。但在市场经济和民间社会持续发展的背景下，随着治理资源类型日益丰富，能够调动、占有和使用治理资源的主体越来越丰富，如企业可以独立动员资本市场的资金，运用独立研发的技术影响公共治理，提供公共问题解决方案；社会组织可以动员民间捐赠和志愿者开展政策倡导，参与公共事务。

社会渗透能力属于基础性能力，主要用来衡量治理主体能否通过特定的组织化手段，对社会成员施加直接影响。例如，传统政府要依靠宗族组织、各种社会代理人对社会成员进行间接控制，而现代政府能够依靠强有力的技术行政体系和先进的科技手段开展直达个人并且高度精细的数字化管理，如征税、征信等，甚至还能够影响个人的日常行为和思考方式。更重要的是，这样的高水平渗透能力已经不再被政府垄断，近二十年来快速发展的高科技企业可以通过独立采集的大量个人行为数据，对个人社交、消费甚至公共行为进行干预，在某些方面比政府更高效。还有一些社会组织发展出通过与社会成员进行直接互动影响个体偏好和行为的能力，在对特定人群的渗透能力方面具有政府和企业都无法企及的优势。

回应能力考量治理主体能否对多样、多变的治理对象和社会利益群体表达做出有效反馈,至少部分满足社会利益诉求,避免严重的社会冲突。随着经济持续发展,信息交流日益开放,社会利益诉求变得越来越多元,变化也越来越快,对政府的回应能力提出了越来越高的要求。与此同时,随着企业和社会组织为代表的非政府行为体崛起,这些新的公共力量也发展出对社会利益的回应能力,而且对于特定社会群体的利益诉求回应更敏锐、更高效。

创新能力是衡量治理主体在面对新的挑战时,能否有效地制定和执行超越传统路径的新方法、新政策。创新能力比一般意义的适应、学习变化程度更大、更具革命性。广州等超大城市的治理空间高度开放、内容高度复杂,这对官方治理主体的适应和创新能力提出了较高要求,也为在此具有一定优势的社会主体参与公共治理,弥补政府和市场失灵提供了广阔的空间。

3. 现代化:效果导向

治理效果是本研究的因变量。治理效果的核心关切是有效性,重点测量治理手段、制度、政策及能力建设在多大程度上实现治理目标。在治理体系和治理能力现代化分析框架内,治理效果测量的是治理主体追求的"现代化"治理目标的实现效果,按照中央文件的要求,现代化治理目标重点包括提升市域防控风险与服务群众水平等方面。

结合近年来中央文件要求和市域社会治理现代化工作部署,广州市域社会治理的"现代化"可以具体归纳以下几个目标:一是制度化,各种治理活动要逐步规范并且程序稳定,使完备、科学的制度成为治理基础;二是法治化,集中体现为依法治理,确定法律是公权力和社会全体成员的总体行为规范;三是民主化,将治理落实到更透明的公共政策制定和实施过程、更有效的公众参与机制之中;四是多元化,鼓励不同类型的治理创新,运用市场运作、社会组织运行等多种模式为社会治理赋能;五是智能化，拥抱移动通信、大数据、开源技术发展成果，通过新技术应用更直接敏锐地获得治理信息，进行更高效精准的决策。本课题将围绕上述目标分析广州治理体系和治理能力的发展水平，对其现代化走向予以评价。

（二）分析框架：国家与社会互嵌

本研究采用更有利于呈现治理主体多元性的国家社会互嵌理论（state-in-society）构建市域社会治理的分析框架。国家社会互嵌理论批判主流政治发展理论中的国家中心主义和社会中心主义传统，超越上述两个研究传统对国家自主性和社会自主性的片面放大，通过观察具体政治运作过程中的国家与社会力量的互动来分析现代国家的变化和发展。

国家社会互嵌理论有三大基本假设：一是国家和社会行为体之间的分布不是一种非此即彼的零和关系；二是国家作为公共权力的来源和关键行使者并不是一成不变的，社会行为体也可以成为公共权力的来源和行使者，比如宗族力量、宗教力量、民间结社、私营企业等；三是国家能力的产生和运作是在国家与社会力量持续不断的互动中实现的，在某些领域、某些层次和某个时间段，国家或者掌权者可以通过强制力推行自己的意志，但是在更大多数情况下，国家必须要获得社会力量的配合和协同才能更高效、有效地贯彻自己的意志。[1]

基于国家社会互嵌理论，本研究的因变量是治理效果，关键解释变量是治理体系和治理能力的变化。从广州的城市治理

---

[1] Joel S. Migdal, *Strong Societies and Weak State. State-in-Society: State-society Relations and State Capabilities in the Third World*, Princeton University Press, 1988; Joel S. Migdal, *State in Society: Studying how States and Societies Transform and Constitute One and Other*, Cambridge University Press, 2002; Michael Mann, *Sources of Social Power, Volume 1, A History of Power from the Beginning to A. D. 1760*, Cambridge University Press, 1993.

实践看，经过更充分协商、基于更高社会共识的制度或者政策，遇到的执行阻力更小，实施的政治成本更低；而且这种国家社会良性互动的制度化水平越高，总体治理成本也会越小，效果越好，如广州同德围综合整治的经验。反之，即便制度制定得再多、再细，政府机构和工作人员专业能力再强，也不必然产生好的政策执行效果，还可能推高执行成本，甚至会激发社会冲突，损害政府合法性，如冼村升级改造项目、垃圾处理设施建设项目等。

根据国家和社会力量对治理制度供给的贡献以及治理能力在国家和社会之间的分配，城市社会治理可以在理论上分为三种类型：一是强国家弱社会的"国家包办模式"，接近这种类型的是针对国家安全和群体性事件的管控；二是国家社会相对对等的"政社协同模式"，比较接近这种理想型的治理实践常见于经济领域，在与环境治理、流动人口城市融合相关的公共领域也有体现；三是更突出社会主体地位的"社会自治模式"，在这种模式下社会行为体（如企业和民间组织）既是制度供给的主力，也具有比较强的治理能力。在中国城市治理实践中，比较接近这种模式的案例出现在一些政府和传统企业比较陌生的新兴经济领域和边缘人群服务领域。

这个框架提供了一个比较简约的分析起点，有助于我们总结丰富的城市社会治理实践，促进我们关注政府之外的治理主体及其与政府的互动，开拓社会治理的思路。但是，需要指出的是，具体的治理模式与治理效果并没有明确的相关性，比如国家包办并不必然意味着有好的治理效果，社会自治也未必能很好地解决城市治理的特定问题，而主流政策话语里的"共治"在实践中究竟如何体现、参与共治的多种治理主体究竟有哪些、他们之间的互动模式以及产生的影响究竟如何，都需要通过实证案例加以具体分析。

（三）广州市域社会治理代表领域

市域社会治理涉及的内容非常广泛，本课题面向市域社会治理现代化试点工作的任务，基于广州市委明确的近期中心工作内容，结合课题组的研究积累和数据可获得性，将实证分析重点领域聚焦到纠纷化解、公共安全、环境治理、外来人口融合和城市更新五个领域。

上述五个领域整体面向提升广州的市域防控风险与服务群众水平治理。关于市域防控风险，纠纷化解治理的重点是强化广州社会稳定风险防范化解水平，公共安全治理的重点是提升广州公共安全风险防范化解水平。关于提升服务群众水平，环境污染治理、外来人口融合和城市更新是广州具有代表性的三个领域，它们分别从人口、空间和环境方面呈现了广州提升公共服务水平的主要治理转型。

1. 纠纷化解

本研究重点分析的是针对民商事纠纷的化解机制。纠纷化解机制建设是市域社会治理中提升社会稳定风险防范水平的重要措施。广州的纠纷化解机制建设是维护社会稳定、促进社会良性运行的关键环节。加强纠纷化解机制建设，有助于提升治理体系及时预警、快速应对和妥善处置各种纠纷的能力，合理化引导基层矛盾走向，促进经济社会良性运转；同时还有助于治理体系从微观到中观层面把握社会矛盾的关键节点和发展走向，改善政治、经济、文化、社会和生态建设中不适应、不和谐的内容和方面，为中国特色社会主义实现"以人民为中心"发展提供保障。

2. 公共安全

公共安全风险防范是市域社会治理现代化工作的重要内容。习近平总书记指出维护社会大局稳定，要增加人民群众获得感、幸福感、安全感。[①] 广州是国际商贸中心和华南最重要的航空、铁路、航运枢纽，人流、物流、资金流、信息流高速交互，公共安全风险要素集中，社会治安和民生保障压力较大。在新冠肺炎疫情发生后，广州迫切需要加大对市场主体的扶持，维护经济社会秩序和就业环境；通过打击违法犯罪，动员群众参与群防群治，顺畅司法化解社会矛盾的渠道，缓解社会治安压力。

3. 环境治理

环境污染是市域社会治理现代化试点工作指明的重点突破内容。本研究选择广州城市环境治理的两个领域——垃圾分类和河涌治理——进行比较分析。以上两个治理领域的问题严重程度、治理时间跨度和政治优先性界定都有很强的代表性。广州是国内最早试点垃圾分类的城市，在相关领域的机构建设、地方立法、强制管理方面都处于国内领先地位，但是治理效果同资源投入没有成正比发展。河涌污染是充分体现广州环境污染及治理特点的领域，是被中央点名督办的"老大难"领域，在治理模式改革、官民互动等方面具有很强的代表性。

4. 外来人口融合

市域社会治理现代化试点工作要求，重点突破和聚焦解决外来人口融合问题。外来人口融合目标是促进外来务工人员"市民化"，让"农民工"等外来务工人员享受更加平等的经济机会、社会福利和公众参与机会。广州是最早出现大规模进城务工群体的国内城市之一，至今仍是流动人口规模最大的城市。第七次全国人口普查数据显示，广州全市流动人口达937.88万，占总人口比例超过50%，当中包含大量省内和省外进城务工人员。与此同时，广州也是国内保留城中村空间较多的大型

[①] 《习近平在省部级主要领导干部坚持底线思维　着力防范化解重大风险专题研讨班开班式上发表重要讲话》，2019年1月21日，中国政府网（http://www.gov.cn/xinwen/2019-01/21/content_5359898.htm）。

城市，这些空间成为大量外来务工人员的"落脚"社区，也是广州开展人口融合治理实验和治理创新的重要场域，在全国乃至全球都具有标本意义。

5. 城市更新

城市更新是提升市域公共服务水平的重要内容。广州在2019年提出统筹推进城市更新九项重点工作，包括统筹旧城、旧村、旧厂改造与专业批发市场、物流园、村级工业园整治提升和违法建设拆除、黑臭水体治理和"散乱污"企业整治。2020年8月召开的中共广州市委十一届十一次全会强调，要紧紧抓住国家加快形成新发展格局的重大历史机遇，坚持新发展理念，着力做强城市更新、人工智能与数字经济"双引擎"，全力做好各项重点工作。明确要求坚持以深化城市更新为突破口，树立"全周期管理"意识，建立城市更新"一张图"，以绣花功夫推进城市更新九项重点工作，高质量推进乡村振兴，进一步优化城乡生产、生活、生态空间，全面提升城乡发展质量，将城市更新工作提升到新的历史高度。

本研究的主要数据来源包括：（1）课题组对相关领域历年连贯的调研和参与式观察，其中包括参与的专项调研、立法咨询、专题合作研究和项目评估等；（2）课题组委托专业调研机构开展问卷调查，主要通过在线形式投放问卷2000份；（3）2020年4—8月，课题组对多个市级、区级职能部门、街道和社区居委会、企业、社会组织的工作人员和普通群众进行了多次访谈；（4）课题组成员对相关课题多年的跟踪研究和参与式观察积累的一手数据。

第二章　民商事纠纷化解：吸纳专业社会力量参与

当前中国处于社会转型期，在从传统农业社会向工业、信息社会的转变中，社会格局变化带来的利益分配和秩序重构使社会矛盾处于多发、高发状态，纠纷类型日益复杂多样。当前中国社会纠纷具有以下几个特点：从参与主体看，包括个体纠纷和群体纠纷；从主要内容看，包括刑事、民事和行政纠纷；从争议标的看，包括实物纠纷和网络虚拟物品纠纷。在现代法治国家中，司法途径是纠纷化解的常规渠道。但是随着我国诉讼案件大幅增加，尤其是广州等城市"诉讼爆炸"现象严重，以司法为中心的纠纷化解方式应对乏力，开始对替代性纠纷解决方式开展探讨，纠纷化解正在以多元化、多样化方式展开。

一　纠纷化解治理体系基本情况

广州的纠纷化解主要包括三种渠道：一是司法领域的诉讼，指国家审判机关即人民法院依照法律规定在当事人和其他诉讼参与人参加下依法解决讼争的活动。二是社会领域的仲裁和各种类型调解，其中仲裁指由双方当事人协议将争议提交具有公认地位的第三者，由其对争议的是非曲直进行评判并作出裁决的解决争议方法；调解是中立的第三方在当事人之间调停疏导，帮助交换意见，提出解决建议，促成双方化解矛盾的活动，社会领域的调解主要包括仲裁机关、专门调解机构、律师和人民调解委员会调解。三是党政系统的信访和维稳，其中信访是指公民个人或群体以书信、电子邮件、走访、电话、传真、短信等多种参与形式与政党、政府、社团、人大、司法、政协、社区、企事业单位负责信访工作的机构或人员接触，以反映情况，表达自身意见，请求解决问题，有关信访工作机构或人员采用一定方式进行处理的制度；维稳不是常规的纠纷解决机制，是在中国国情基础上为了维护社会稳定、经济持续发展而采取的措施，主要是各级党政机关对社会纠纷采取的个性化处置方式。此外，行政体系的行政复议和公安调解也能发挥纠纷化解作用。

中国基于不同类别治理资源建构的不同纠纷化解机制，共同发挥社会矛盾化解作用。根据本课题分析治理体系的四个指标分类，在政治体系内，各级党组织通过思想、政治、组织、纪律方式对体制内的纠纷化解机构进行指导和引领，同时各级党组织在一定程度上也会直接参与纠纷化解工作；行政体系主要通过行政复议、信访、行政调解等方式参与行政纠纷、民事纠纷的解决；法治体系包括通过地方立法制定纠纷化解规则，也包括司法机关、司法行政机关行使职权参与纠纷化解；社会体系的纠纷化解包括专业的仲裁、调解机构的职能发挥，也包括行业协会、人民调解委员会的纠纷化解参与。

（一）政法体制是纠纷化解核心机制

政治体系的纠纷化解机制，在中国主要体现为政法体制。在地方上，主要指同级党委领导体制；在央地关系上，主要指党内分级归口管理和中央集中统一领导体制。党管政法的组织目标是发挥党的政治势能协调和整合各部门的利益，组织动员党政机关和全社会力量共同维护社会稳定,[①] 解决法律实施过程中的碎片化问题,[②] 促进法院等正式法律机制和综治、信访、调解等其他维稳机制共同发挥纠纷化解作用,使各机构既发挥"政治代理人"作用,又承担纠纷化解"专门机构"角色。

党委政法委员会是党委领导和管理政法工作的职能部门,是实现党对政法工作领导的重要组织形式。[③] 政法单位是党领导下从事政法工作的专门力量,主要包括审判机关、检察机关、公安机关、国家安全机关、司法行政机关等单位。在新一轮机构改革中,社会治安综合治理委员会及其办公室、维护稳定工作领导小组及办公室、防范和处理邪教问题领导小组办公室均予以撤销,由党委政法委承担统筹协调职责。中央政法委的工作制度是民主集中制,书记主持中央政法委员会的工作,各委员集体研究制定中央政法委的部署、决定、规定和要求,并把它贯彻落实到本部门、本系统的工作中。中央政法委机关在委员会的领导下,负责处理中央政法委的日常工作,秘书长主持中央政法委机关的工作。在政治系统内,中共广东省委、广州市委分别设立省委、市委政法委。

从职能上看,政法委员会是各级党委领导和管理政法工作的职能部门,其主要任务是宏观指导、协调、监督、检查审判机关、检察机关、公安机关、国家安全机关、司法行政机关等部门开展工作,维护社会稳定。在政法委的统筹下,公、检、法等部门在纠纷解决中的地位相近、职权职责相互关联并且社会声誉连带。当前政法委除了对体制内维稳力量进行领导指导

[①] 黄文艺:《中国政法体制的规范性原理》,《法学研究》2020年第4期,第3—22页。
[②] 郑智航:《党管政法的组织基础与实施机制——一种组织社会学的分析》,《吉林大学社会科学学报》2019年第5期,第61—70、220页。
[③] 见《中国共产党政法工作条例》,2019年1月18日,共产党员网(https://www.12371.cn/2019/01/18/ARTI1547814450425910.shtml)。

外，还承担着与社会力量、基层党组织和其他党政机关共同打造"共建共治共享"社会治理格局，实现社会治安综合治理职能，促进社会力量参与纠纷化解、推广基层治理"枫桥经验"等任务。

政法体制下的组织制度相对完备，尤其是《中国共产党政法工作条例》实施后，对开展政法工作做出细化指引。各级党委关于社会治安综合治理、防范和处理邪教组织等事宜曾经一度单独设立管理部门，随着机构改革，相关职能统一归属政法委，促进政法治理体系相对规范和流畅。关于党管政法的具体范围，在党的十八大以后明确为"管方向、管政策、管原则，管干部，不是包办具体事务，不要越俎代庖"[①]。

（二）行政体系的部门职责相对独立

行政体系的纠纷化解，主要包括行政复议、信访和公安部门的职能行使。不同行政纠纷化解机制面向的争议类型和解决争议的方式差别较大，彼此之间相对独立，交叉协调空间较小。其中行政复议主要处理行政相对人与行政机关之间的纠纷；信访主要是各级政府通过处理来信、接待来访，倾听人民群众的意见、建议和要求等方式，接受人民群众的监督；公安机关面向的社会纠纷比较广泛，但主要针对民间相对轻微违法犯罪引发的纠纷。

行政复议是与行政行为具有法律上利害关系的人认为行政行为侵犯其合法权益，依法向具有法定权限的行政机关申请复议，由复议机关依法对行政行为合法性和合理性进行审查并做出决定的活动和制度。行政复议是行政机关实施的行政行为，

---

① 习近平：《在中央政法工作会议上的讲话》，载《习近平关于全面依法治国论述摘编》，中央文献出版社2015年版，第111页。

它兼具行政监督、行政救济和行政司法行为的特征和属性，对于监督和维护行政主体依法行使行政职权，保护相对人的合法权益等均具有重要意义和作用。按照《行政复议法》的规定，对县级以上地方各级人民政府工作部门的具体行政行为不服的，由申请人选择，可以向该部门的本级人民政府申请行政复议，也可以向上一级主管部门申请行政复议。对海关、金融、国税、外汇管理等实行垂直领导的行政机关和国家安全机关的具体行政行为不服的，向上一级主管部门申请行政复议。广州市司法局设立行政复议处（市政府行政复议办公室），负责办理向市政府提出的行政复议；指导、监督全市行政复议工作，负责重大行政复议决定备案等工作，承担部分对复议决定不服向法院提起行政诉讼的行政应诉案件，按照规定权限对有关行政机关提出行政复议意见、建议，指导行政裁决工作。

根据国务院《信访条例》，县级以上人民政府应当设立信访工作机构，应当按照有利工作、方便信访人的原则，确定负责信访工作的机构或者人员，具体负责信访工作。人民政府信访工作机构是本级人民政府负责信访工作的行政机构，履行受理、交办、转送信访人提出的信访事项，承办上级和本级人民政府交由处理的信访事项，协调处理重要信访事项，督促检查信访事项的处理，研究、分析信访情况，开展调查研究，及时向本级人民政府提出完善政策和改进工作的建议，对本级人民政府其他工作部门和下级人民政府信访工作机构的信访工作进行指导。设区的市级、县级人民政府及其工作部门，乡、镇人民政府应当建立行政机关负责人信访接待日制度，由行政机关负责人协调处理信访事项。信访人可以在公布的接待日和接待地点向有关行政机关负责人当面反映信访事项。广州市、各区人民政府设置了信访机构；根据2017年广州市委办公厅、广州市人民政府办公厅印发的《广州市信访工作责任制实施细则》，广州各级党政机关每半年不少于1次听取信访工作汇报、分析信访形势、研究解决工作中的重要问题。

公安部门参与纠纷化解，主要体现在治安调解和民事纠纷调解中。《治安管理处罚法》规定，对于因民间纠纷引起的打架斗殴或者损毁他人财物等违反治安管理行为，情节较轻的，公安机关可以调解处理。经公安机关调解，当事人达成协议的，不予处罚。经调解未达成协议或者达成协议后不履行的，公安机关应当依照本法的规定对违反治安管理行为人给予处罚，并告知当事人可以就民事争议依法向人民法院提起民事诉讼。对于普通的民事纠纷，《公安机关办理行政案件程序规定》规定：对于因民间纠纷引起的殴打他人、故意伤害、侮辱、诽谤、诬告陷害、故意损毁财物、干扰他人正常生活、侵犯隐私、非法侵入住宅等违反治安管理行为，情节较轻，且具有下列情形之一的，可以调解处理：一是亲友、邻里、同事、在校学生之间因琐事发生纠纷引起的；二是行为人的侵害行为系由被侵害人事前的过错行为引起的；三是其他适用调解处理更易化解矛盾的。对不构成违反治安管理行为的民间纠纷，应当告知当事人向人民法院或者人民调解组织申请处理。对情节轻微、事实清楚、因果关系明确，不涉及医疗费用、物品损失或者双方当事人对医疗费用和物品损失的赔付无争议，符合治安调解条件，双方当事人同意当场调解并当场履行的治安案件，可以当场调解，并制作调解协议书。当事人基本情况、主要违法事实和协议内容在现场录音录像中明确记录的，不再制作调解协议书。调解是公安工作的常用形式，广州各级公安部门长期以来按照相关规定适用调解方式化解纠纷。

（三）法治体系机构多样且内容丰富

纠纷化解的法治体系主要包括立法体系和以人民法院为核

心的司法体系。根据中国《立法法》，关于不涉及犯罪和刑法、民事基本制度的纠纷化解，在2015年《立法法》修订之前，属于广州可以开展地方立法的事项；在2015年后，地方立法明确设区的市立法事项主要包括城乡建设与管理、环境保护、历史文化保护等方面的事项，关于纠纷化解的立法内容，原则上应当与上述三类事项具有关联。

2019年，《广东省人民代表大会常务委员会关于大力推进法治化营商环境建设的决定》明确，在立法层面，省人大及其常委会将支持广州开展先行先试。近期广州开展的地方立法及准立法活动，在营商环境等方面做出多元纠纷化解机制的相关规定。正在推进制定的《广州市人民代表大会常务委员会关于加强法律服务工作，促进粤港澳大湾区建设的决定》明确，广州建设国际争议解决之都、粤港澳大湾区商事纠纷解决中心、广州国际商贸商事调解中心。在审议中的《广州市营商环境条例》拟规定：积极完善调解、仲裁、行政裁决、行政复议、诉讼等有机衔接的多元化纠纷解决机制，为市场主体提供高效、便捷的纠纷解决途径；完善人民调解、行政调解、行业性专业调解、司法调解联动工作体系，建立健全调解与公证、仲裁、行政裁决、行政复议、诉讼等衔接联动机制。探索建立统一的商事纠纷多元化解平台，支持商事仲裁机构和商事调解机构发展，设立广州国际商贸商事调解中心。2019年8月，中国签署《联合国关于调解所产生的国际和解协议公约》又称《新加坡调解公约》，对中国建设国际商事争议解决中心产生深远影响。

关于行政复议，在国家于1999年颁布《行政复议法》后，针对行政复议的现实困难和问题，广州在2004年3月制定《广州市行政复议规定》，是当时国内第一部全面、系统、具体地规范行政复议的地方立法，在制度设计上进行了大胆的创新和探索。关于行政复议的工作机制，规定了审查组织实行合议制度，在案件决定过程细化了集体讨论制度、设立了专家征询制度，明确了行政复议机关和复议机构的委托关系；关于行政复议的范围，降低了复议门槛，规定公务员的录用行为不属于内部行政行为；关于行政复议程序注重与司法程序的衔接，做出回避、行政协调等制度创新；关于行政复议决定的监督，对上位法规定进行了细化。[①] 自 2004 年 6 月起《广州市行政复议规定》开始施行，1999 年 12 月底市政府发布的《广州市行政复议案件办理程序暂行规定》同时废止。2015 年 9 月底，第 132 号市政府令修改了《广州市行政复议规定》。2017 年，《广州市人民政府关于废止和宣布失效部分政府规章的决定》废止《广州市行政复议规定》。当前，广州关于行政复议没有专门的地方立法。

表 2-1　　　　　广州行政复议相关的主要规范性文件

序号	名称	文号	发布日期
1	广州市天河区人民政府办公室关于印发天河区人民政府办理行政复议案件程序细则的通知	穗天府办规〔2017〕4 号	2017 年 6 月
2	广州市行政复议案件庭审规则	穗府办规〔2016〕14 号	2016 年 11 月
3	关于印发广州市行政复议决定履行监督规定的通知（已失效）	穗府法〔2013〕33 号	2013 年 9 月
4	印发广州市天河区人民政府办理行政复议案件工作程序细则的通知（已失效）	穗天府办〔2012〕7 号	2012 年 4 月
5	广州市农业局（海洋与渔业局）行政复议范围和程序（已失效）	穗农〔2003〕133 号	2003 年 9 月

关于信访，国务院、广东省和广州市通过立法及相关形式，

[①] 刘恒：《论我国行政复议制度的立法完善——〈广州市行政复议规定〉的立法特色》，《中山大学学报》（社会科学版）2004 年第 6 期，第 183—187、267 页。

制定了工作规则和实施办法。

表2-2　　　　　　　　　　信访相关的法律规定

序号	名称	施行时间	印发部门	效力
1	广州市信访工作责任制实施细则	2017年	广州市委办公厅、市人民政府办公厅	生效
2	信访条例	2015年	国务院	有效
3	广东省信访条例	2014年	广东省	有效
4	广东省实施《信访条例》办法	2007年	广东省	废止

在以人民法院为核心的司法体系中，广州的法院设置类型丰富、数量较多、管辖级别相对较高。广州拥有广东省高级人民法院、广州市中级人民法院、广州海事法院、广州知识产权法院、广州铁路运输中级法院，还包括广州互联网法院、越秀区人民法院等12个基层人民法院。广州市中级人民法院于1949年11月建院，是全国建院历史最长、干警人数最多的中级法院之一。

（四）自治体系发展迅速且相对繁荣

纠纷化解中的自治体系，指社会力量参与纠纷化解发展形成的治理体系。广州的纠纷化解自治体系，由仲裁机构、专业调解和其他类型的调解组织共同组成。

中国广州仲裁委员会（简称广仲）是1995年《仲裁法》颁布之后最早成立的仲裁机构。为服务珠三角经济发展，广仲于2005年、2006年设立东莞、中山分会；为了促进服务专业化，自2011年起成立金融、知识产权、广州国际航运、广州建设工程仲裁院；为积极服务粤港澳大湾区和"一带一路"建设，设立中国南沙国际仲裁中心，联合港澳仲裁界以中心为平台，共同推广国际商事仲裁制度；2018年9月，由广仲牵头、大湾区城市群的仲裁机构共同倡议的粤港澳大湾区仲裁联盟正式成立，并在南沙设立联盟秘书处；为进一步促进业务国际化发展，于2019年9月成立塞浦路斯仲裁调解中心。

2020年9月，广州国际商贸商事调解中心的成立，性质为民办非企业法人组织，为商事纠纷主体在诉讼和仲裁外，打造了一条不用打官司，同样享有公信力，效率更高、成本更低的解决渠道。广州市两级法院受理的一、二审民商事案，经当事人同意，均由调解中心组织调解，达成的调解协议可向人民法院申请司法确认，具有调解协议强制执行力。根据《粤港澳大湾区发展规划纲要》对广州的定位以及《广州市全面增强国际商贸中心功能实施方案（2020—2022年）》的要求，广州将建成具有较强国际影响力和辐射力的国际消费中心、全球贸易枢纽、国际会展之都和国际商贸服务中心，建立与之配套的跨境、跨域的国际性商事纠纷化解机制显得尤为必要。

根据2017年最高人民法院、司法部发布《关于开展律师调解试点工作的意见》，律师调解是指律师、依法成立的律师调解工作室或者律师调解中心作为中立第三方主持调解，协助纠纷各方当事人通过自愿协商达成协议解决争议的活动，该意见将广东纳入律师调解试点地区。2018年3月，广州市司法局印发《广州市律师调解工作办法（试行）》的通知，对律师调解工作的原则、管理机制、调解工作室（中心）的设立、调解程序、调解费用、组织管理做出明确规定。2018年7月，由广州市中级人民法院、广州市司法局共建的律师调解室在广州揭牌成立。这标志着广州律师参与社会矛盾化解工作又添新平台，是法院深化司法改革、实现司法为民、深入推进多元化纠纷解决机制的重要举措。

根据中国《人民调解法》，人民调解是指人民调解委员会通过说服、疏导等方法，促使当事人在平等协商基础上自愿达成调解协议，解决民间纠纷的活动。国务院司法行政部门负责指导全国的人民调解工作，县级以上地方人民政府司法行政部门负责指导本行政区域的人民调解工作。基层人民法院对人民调解委员会调解民间纠纷进行业务指导。2018年3—4月，中央全面深化改革委员会第一次会议审议通过《关于加强人民调解员队伍建设的意见》，强调人民调解员队伍建设，要求认真做好调解员选任工作，明确人民调解员的职责任务，要求加强人民调解员思想作风建设和业务培训，强化对人民调解员的工作保障。中央政法委、最高人民法院、司法部、民政部、财政部、人力资源和社会保障部联合印发了上述意见。

二 纠纷化解治理能力整体状态

广州纠纷化解治理能力，主要体现在各项制度的运行之中。政治、行政、法治和自治体系促成的治理主体资源掌控能力、广泛渗透能力、快速回应各种社会需求的能力和面对复杂多变治理需求的及时创新能力，是分析纠纷化解权力运行的重要指标。

纠纷化解的资源掌控能力，包括不同类型治理主体的人、财、物拥有情况和支配能力。渗透能力主要涉及治理主体的权威性程度，是否直接开展纠纷性质的认定和推行自身的决定。快速回应能力主要指治理主体可以迅速参与社会纠纷之中，高效开展纠纷化解工作。及时创新能力主要指治理体系运行过程中自我发展和完善情况。

（一）社会领域的治理资源掌控潜力较大

党政系统、司法和社会三种不同类型纠纷化解渠道的资源掌控能力差异较大。这种差异一方面源于参与纠纷化解的权力来源、组织机制不同，另一方面与它们所面向的纠纷类型差别较大密切相关。随着社会变化加剧，矛盾纠纷日益增多，当前党政系统、司法系统等相对正式、常规的纠纷解决体系的治理资源相对薄弱；由于社会结构变化，新阶层的兴起，社会领域的法律等专业人员、组织机构不断增多，应对纠纷的资源潜力较大。

党政系统在理论上化解纠纷的资源掌控能力最强，除了系统内部专门的纠纷化解组织机构外，还可以调动相应的体制内资源参与到纠纷化解之中。但是由于通过党政系统的信访、维稳等途径反映的纠纷，大多较为复杂、处理难度大，党政部门领导和各级信访部门较多通过协调各级部门予以解决。除了专门处理纠纷的部门外，党政领导以及其他部门都不具备常规性的纠纷解决资源，化解纠纷往往需要在不同机构、部门之间展开协调，实现纠纷解决资源的调拨和重新配置。这就往往导致在实际工作中，党政系统的资源在纠纷化解中的控制和分配并不能支持需求，而部分社会矛盾纠纷的形成本身就是体制内资源没有充分运用所导致，所以党政体系的纠纷化解资源实际并不充分，应当进一步提升资源调拨能力。

司法系统中的法院是应对纠纷的专业部门，资源掌控能力相对较强，关于财政、组织和人员配备具有一定的法律依据。但是当前广州法院案件受理数量持续上升，各级法院的办案法官都相对不足。2019年，广州法院受理、办结案件数量居全省法院首位。全市法院受理案件623642件、办结554296件，法官人均结案450件，同比分别上升34.4%、36.6%和26.1%；2020年1—8月，广州中院商事审判庭新收案件2692件，审结2230件，同比分别增长24.17%、44.62%（见图2-1）。办理案件数量持续上升，使法院工作面临巨大压力和挑战，当前一方面要进一步扩展纠纷解决渠道，实现法院诉讼案件分流处置，另一方面需要党政体系为司法机关提供更多的资源支持。

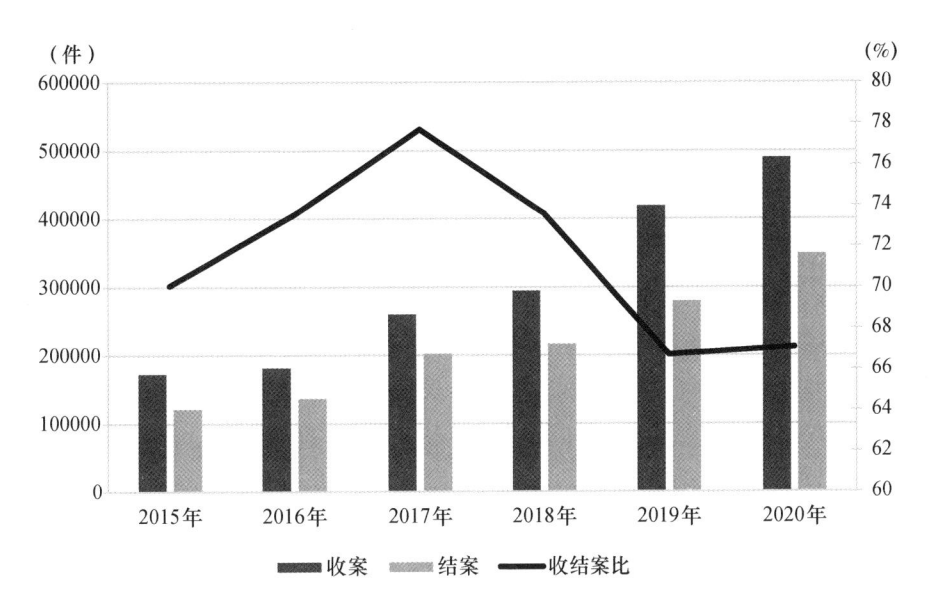

图 2-1 广州两级法院 2015—2020 年办案基本情况

社会系统的资源掌控能力较为特殊。由于缺乏党政、司法体系内的财政支持，社会系统的财力资源相对薄弱；但是由于社会体系内具有较为丰富的人才资源、较为灵活的运行机制，尤其是仲裁、律师行业中有不同类型的专业人才储备、可以采取市场化的运作模式，使社会领域成为资源相对分散、但实际控制和运行能力相对较强的领域。在参与仲裁、调解的主力军中，截至 2020 年 9 月，广州的专业律师为 16845 人，其中专职律师 14537 人。[①]（见图 2-2）关于相对高端的涉外业务，目前广州有近 700 名涉外律师，其中有 23 人入选全国律师协会涉外律师领军人才库，61 人入选全国千名涉外律师人才库，这些律

[①] 来源：2020 年 9 月 18 日，广州市司法局"律兴"App。

师都将作为涉外商事调解的主要力量。从年龄结构看，31—40岁的律师人数最多，超过6000人（见图2-3）。根据2018年度报道，广州市共有各类人民调解组织3268个，专、兼职人民调解员1.5万人。①

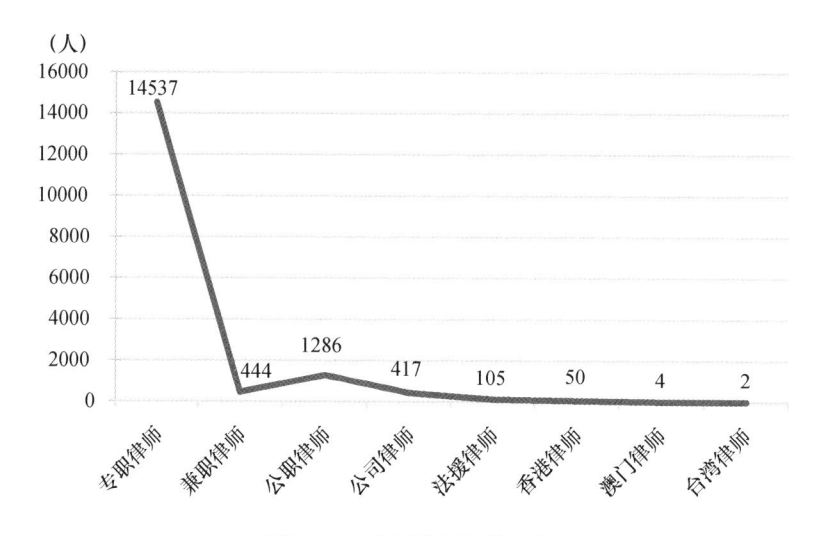

图2-2 广州律师人数分布

专职律师 14537
兼职律师 444
公职律师 1286
公司律师 417
法援律师 105
香港律师 50
澳门律师 4
台湾律师 2

课题组于2020年7—9月的调查结果显示，当前广州社会领域的纠纷化解资源潜力较大。广州是广东最早探索开展一村（社区）一法律顾问工作的城市，参与律师最多、财政投入力度最大、村（社区）法律顾问办理业务量最多，2018年，广州已成功实现"一村（社区）一法律顾问"100%覆盖。但是目前的调查结果显示，公众对于社区法律服务的整体认知仍然不够充分。这表明广州纠纷化解的资源调动，应当充分关注对于现有资源的充分挖掘和运用。

---

① 付怡、沈泳楠、张建：《广州成立全省首个人民调解培训基地，将为1.5万人民调解员提供培训》，2018年8月28日，金羊网（https：//news.ycwb.com/2018-08/28/content_30076507.htm）。

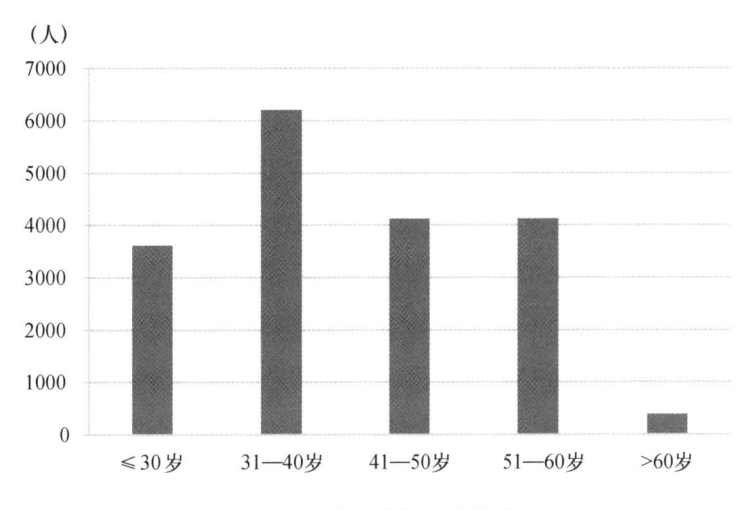

图 2-3　广州律师年龄统计

关于社会力量参与纠纷化解的重要渠道——社区法律服务，有34.1%的受访者表示"没有听说过"，有29.1%的受访者"知道有社区法律服务，但不知道具体是做什么的"，二者之和占63.2%，意味着大部分公众对于社区法律服务没有基本认知。表示"曾经去咨询过，认为有帮助"的占9.6%，"曾经咨询过，认为没有帮助"的占3.7%，二者之和为13.3%，显示有一定的社会公众接受了社区法律服务。认为社区法律服务"只做法律宣传，没有做其他法律服务"的占23.5%，表明近1/4的社会公众对于社区法律服务的作用具有认知，但认知不够充分（见图2-4）。

（二）不同体系实现给付内容均存在难度

纠纷化解中的全面渗透能力包括以下几个方面：一是治理主体能够有效地参与到纠纷化解之中，二是治理主体能够依据现有制度对纠纷做出裁判或认定，三是治理主体对纠纷做出的裁判或认定中的给付内容能够实现。不同治理体系在参与和做出认定层面的运行能力方面都得到体现，但是对于推行裁判或

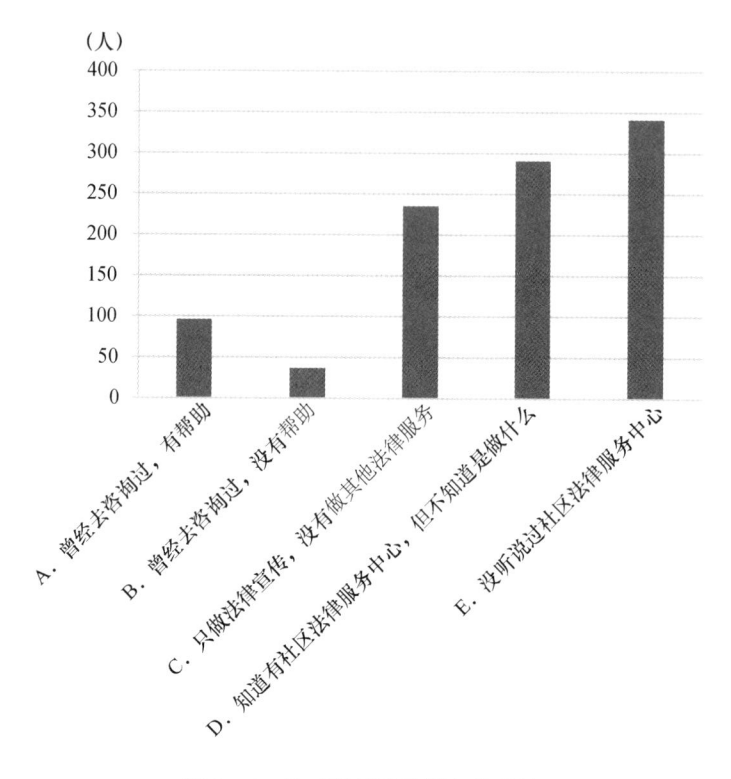

图 2-4　您对社区法律服务的看法

认定中的给付内容实现，无论是司法还是社会领域的纠纷化解类型都存在一定不足。

党政、司法以及社会体系，在纠纷化解的不同阶段，权力渗透能力存在明显差异。在参与纠纷化解阶段，党政体系完全具有参与能力，这从纠纷当事人往往迫切寻求党政资源介入纠纷解决，甚至为此而越级上访中具有直观的体现。当前司法渠道可以相对较为顺利地参与纠纷化解，在最高人民法院2015年印发中央全面深化改革领导小组第十一次会议审议通过的《关于人民法院推行立案登记制度改革的意见》后，法院对初始案件实行登记立案制度，不再使用立案审查制度，有效地实现了法院参与各类纠纷化解，引导社会矛盾通过司法途径解决。社会领域对纠纷化解的参与能力相对弱于以上两个渠道，除了仲裁之外，关于调解尤其是律师调解的效力还有待于法院的认定，这就意味着这些纠纷解决力量的实际参与能力相对有限。

从对纠纷做出认定和裁判来看，各个领域的表现都较为优异。根据广州信访局公布的信息，自2015年1月1日起，至2020年7月，共收到网上信访事项73026件，其中已办结71465件。[①] 从法院案件来看，广州市两级法院的受理案件数量和办结数量上升明显（见图2-1），但是结案率整体呈现下降趋势。根据2019年的统计，2017年广州各类调解组织共化解各类矛盾纠纷7.4万件，调解成功率达99.2%，涉案金额近20亿元。连续5年调解成功率保持在98%以上。仅2020年上半年，全市化解各类矛盾纠纷就达3万多件，调解成功率达99.5%。[②]

从纠纷主体做出的认定或裁判内容的实现来看，各类纠纷化解渠道的执行能力都有待提升。尽管广州信访局公布的数据显示近三年来的事项办结率达到87.86%，但是其中的给付内容是否实现并无明显数据，实际中信访纠纷"案结事未了"的现象在一定程度存在，依然是社会矛盾的隐患。广州各级法院近年来大力推进执行案件的办理，通过网络拍卖、公示拒不执行判决、裁定当事人的身份信息，"执行难"现象在一定程度得到改善。但是实际中仍然存在具有执行能力的案件没有得到有效执行的情况。以与执行案件关联程度较强的破产案件为例，在大多"有产可破"案件中，破产管理人接管财产都面临障碍，法院的强制权力有限，公安部门倾向于将此类案件界定为民事

---

① 数字整理自广州市信访局网站，最后一次访问时间，2020年7月1日。
② 付怡、沈泳楠、张建：《广州成立全省首个人民调解培训基地，将为1.5万人民调解员提供培训》，2018年8月28日，金羊网（https://news.ycwb.com/2018-08/28/content_30076507.htm）。

纠纷不予以保护,这种现象成为阻碍破产案件顺利推进的重要堵点。在司法拍卖中,买受人依法取得财产的所有权,但是不能行使相关权能的案件在近年屡次发生,严重影响了司法执行的公信力。仲裁、人民调解中的认定或裁判,除非当事人自愿履行,否则最终同样会进入"司法执行"程序,需要得到司法程序的最后保障。

调查显示,市民对于发生纠纷的解决途径选择,位于前三名的分别是报警、诉讼和申请仲裁,选择以上三种渠道的比例分别是26.5%、22.6%和15.6%。其中报警和诉讼二者之和为49.1%,表明社会公众对公权力领域的纠纷解决途径的信任和依赖程度明显更强(见图2-5)。在将该问题明确到民事争议,对"如果您有一笔债权无法收回会如何处理"时,排在前三位的回答分别是去法院起诉、找律师咨询和申请仲裁,表明市民关于民事纠纷的解决渠道以常规的诉讼和仲裁为主(见图2-6)。但值得注意的是,排在后两位的分别是去公安机关报案和

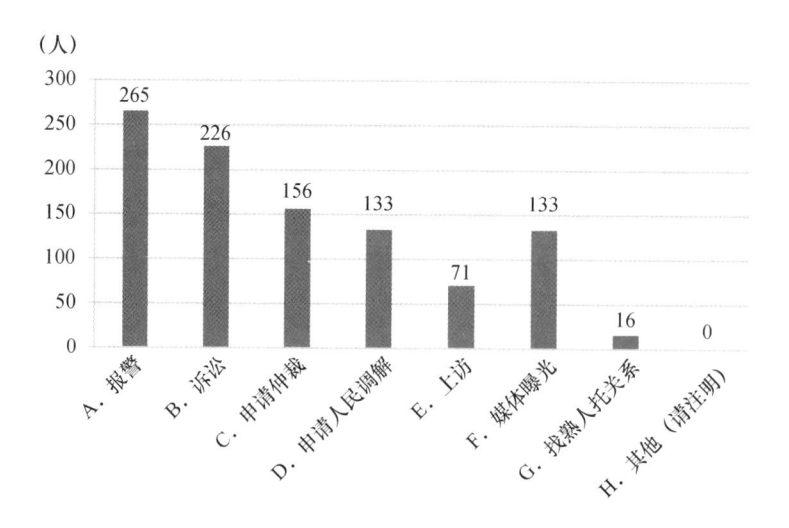

图2-5 您认为以下哪种方式,最有可能让纠纷得到顺利解决

申请人民调解，而申请人民调解的选择明显小于去公安机关报案，表明市民对于调解作为纠纷解决方式的认知度很低，甚至低于并非是解决民事纠纷渠道的公安机关报案。

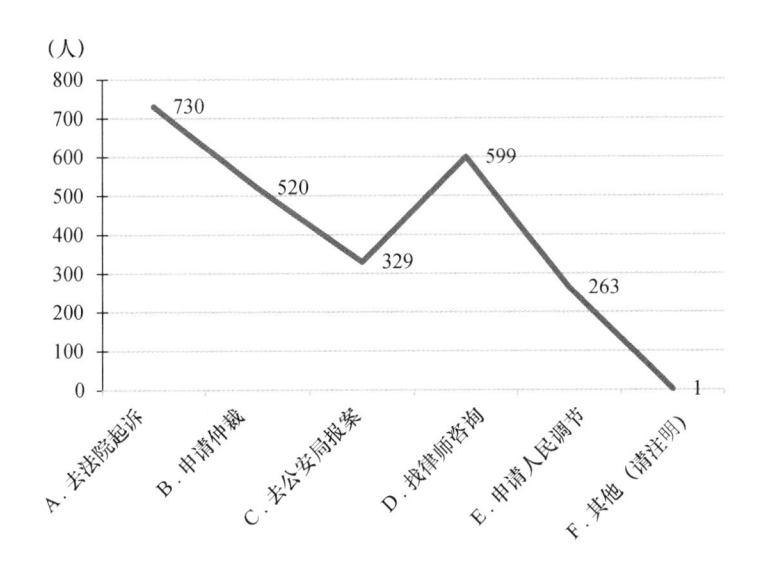

图 2-6　如果您有一笔债权无法收回会如何处理

市民对于公权力领域外的纠纷解决渠道选择相对较少，部分原因在于认知度不足，但在具有认知的情况下，大部分群众仍然选择公权力领域渠道解决纠纷，则主要是因为公权力领域相对而言具有最终的执行保障优势。

（三）法治、社会体系回应能力相对较强

在纠纷化解中，法治体系、社会体系的回应能力相对较强，针对经济社会发展及时回应新现象、新问题的速度较快、方式较为灵活。

近年来广州通过地方立法以及相关文件的制定，引导和促进了不同各类型的纠纷解决机制的成长和发展。2018年9月29日，广州市第十五届人大常委会第十七次会议表决通过《广州

市人民代表大会常务委员会关于促进广州仲裁事业发展的决定》，是全国首个由地方人大出台的促进仲裁事业发展的规范性文件。该决定对建立符合国际惯例仲裁规则、推动参与"一带一路"国际仲裁合作、构建粤港澳大湾区仲裁合作机制、发展创新互联网仲裁、培育高端国际法律人才等做出规定，为广州提升仲裁公信力和专业化、建设具有全球影响力的国际仲裁中心提供了有力支撑。正在审议中的《广州市营商环境条例》同样对多元纠纷化解机制做出规定，充分运用现有的立法权限规范和保障纠纷调解机制的设立和运行。

为了迎接世界银行的营商环境评估，广州市中级人民法院在组织建设方面将优化营商环境工作纳入两级法院"一把手"工程，实现"会商、督导、考核、宣传、推广"全链条一站式管理。在机制建设方面，制定出台规范性文件29项，构建"法院+"诉源治理多元解纷机制，与15家市级单位实现诉调联动对接。深化破产案件机制改革，建立广州破产法庭；深化执行工作机制改革，推动"简案快执、难案精执"。在司法效能方面，创建并在广州法院全面推广"AOL授权见证通"，港澳当事人委托诉讼代理人平均用时由30天缩短至5分钟。妥善解决各类涉民营企业民商事纠纷。

在调解方面，坚持和发展新时代广州"枫桥经验"，建立知识产权矛盾纠纷化解调解委员会，化解知识产权领域的矛盾纠纷。建立2个涉外调解工作室，引入外籍人士担任调解员，"以外调外"，增强了涉外纠纷化解的针对性。主导建立"跨境电商"调解组织，助力营造法治化国际营商环境。推动建立专职人民调解员队伍和以案定补机制，加强基层人民调解力量和经费保障。探索建立市、区、街三级调解中心（调解室），实现人民调解、行政调解、司法调解有机衔接。打造"个人调解室"，以熟悉民情、了解民意优势，贴近群众，服务社区。建设"互联网+""微调解"平台，完善网上调解组织查询、调解预约、案件分流、网上化解功能，为调解员和市民提供便捷高效的"零距离""零跑腿"调解服务。2018年8月，广州市司法局与广州大学合作建立的广东省首个人民调解培训基地——"广州市人民调解培训基地"在广州大学设立，培训基地将利用广州大学师资力量，线上线下培训相结合，为广州市1.5万专、兼职人民调解员提供培训。

（四）依托科学技术发展的创新能力凸显

广州纠纷化解体系充分关注数字化、智能化治理转型对传统治理带来的变革，不同领域都进行了积极创新。

广州市信访局自2014年开始实施信访绿色邮政操作，规定市行政区域内的人民群众通过书信方式寄给市、区两级党委、政府和同级信访工作机构及其负责同志、反映信访事项的平信，在信封右上角注明"群众来信"字样的可免贴邮票，免付邮资。信访绿色邮政由各级信访工作机构归口管理。信访绿色邮政所需邮资按"分级负责"原则，由收信单位所属同级财政统筹解决，纳入同级信访工作机构的经费预算。

在司法系统中，广州市中级人民法院开发全国首个地方智慧破产审理系统，实现破产案件全部在线办理。开通"一网通办"网上办事通道，疫情期间提供网上诉讼服务73.2万次。上线营商环境公开平台，常态化公开改革举措、司法文件、审判流程等信息。为了解决"执行难"的问题，广州法院已与佛山、珠海、惠州、中山、东莞、肇庆六地法院实现网络连接，与佛山等四家法院实现互查。通过珠三角地区查控网络横向联通，实现"片对片"信息资源共享。在全国率先与互联网公司合作"送失信被执行人上头条"。2019年，广州中院扩容"天平执行查控网"，在原有车辆、户籍信息的基础上，新开通同户人员信息、旅店业信息和车辆卡口信息查询，实现更大范围上"查、冻、扣"一体办理，查人找物能力取得进一步突破。2019年，天平网查询财产141.9万次，涉及案件15.5万件，控制财产12926次，冻结存款13.9亿元。针对目前知识产权异地维权与诉讼成本高、效率低、企业维权意愿不高的问题，广州知识产权法院以"异地诉讼服务＋巡回审判＋远程审判"的模式，探索设立知识产权远程异地诉讼服务体系，基本实现对全省省级以上高新技术产业开发区知识产权诉讼服务网点全覆盖，法官在院本部、当事人在当地即可完成开庭。自2016年以来，广州知识产权法院先后在中山、汕头、东莞、惠州、佛山、江门等地高新区成立诉讼服务处和巡回审判法庭，为全省企业、群众提供远程立案、案件查询、远程答疑、远程接访、法制宣传、远程开庭和调解等一系列诉讼服务，并以此为依托，积极协调当地设立知识产权调解组织，推进知识产权保护体系和当事人快速维权机制建设。五年来，各诉讼服务处和巡回审判法庭累计为2800余人次提供各类诉讼服务。

关于行政复议，广州设立统一受理点。2017年底，广州在全市建立了统一的行政复议案件受理中心，并逐步在市司法局行政复议处办公点、市政务服务中心、市公共法律服务中心设立案件受理点，集中接受各区各部门作为复议机关的复议案件申请材料。积极创新，运用信息化手段畅通复议申请方式，2013年开始建立网上行政复议受理机制，2018年10月以微信公众号为平台，开通"微信申请复议"功能。通过方式创新，广州可以通过现场、网络、微信、邮件四种渠道接收群众的行政复议申请。自2013年开始，广州在16家试点单位推行复议决定书网上公开试点，2016年在全市推行。目前全市行政复议文书公开工作已经走上规范化道路。2016年以来，广州重点推进行政复议案件公开庭审工作，复议透明度和公信力不断提升。

三 典型做法：支持专业社会力量参与

为了完善纠纷化解治理体系，提升治理能力，广州在支持专业社会力量参与纠纷化解方式方面做出探索创新，形成了一系列较为有意义的做法。在推进仲裁行业发展、设立商事商贸调解中心、开展律师调解试点工作的同时，基于国家政策制定相关保障规则，有力地支持了专业社会力量参与纠纷化解之中，促进了纠纷化解治理多元化发展。

（一）推进仲裁行业的国际化发展

为了促进仲裁服务专业化，中国广州仲裁委员会自2011年起成立金融、知识产权、国际航运、建设工程仲裁院；为服务粤港澳大湾区和"一带一路"建设，设立中国南沙国际仲裁中心，联合港澳仲裁界共同推广国际商事仲裁制度；2018年由广仲牵头的粤港澳大湾区仲裁联盟正式成立，在南沙设立联盟秘书处；为进一步促进业务国际化发展，广仲于2019年成立塞浦路斯仲裁调解中心。

（二）创新设立商贸商事调解中心

在商事调解方面，2020年9月广州国际商贸商事调解中心成立，性质为民办非企业法人组织，为商事纠纷主体打造了一条不用打官司，同样享有公信力，效率更高、成本更低的纠纷解决渠道。广州市两级法院受理的一、二审民商事案，经当事人同意，均可由调解中心组织调解，达成的调解协议可申请司法确认，具有调解协议强制执行力。

（三）积极开展律师调解试点工作

2017年最高人民法院、司法部发布《关于开展律师调解试点工作的意见》，将广州纳入试点省份。2018年3月，广州市司法局印发《广州市律师调解工作办法（试行）》，对律师调解工作的原则、管理机制、调解工作室（中心）的设立、调解程序、调解费用、组织管理做出明确规定。当年7月，市中级人民法院、市司法局共建的律师调解室揭牌成立，标志着广州律师参与社会矛盾化解工作又添新平台。

（四）基于国家政策制定保障规则

在规则建立方面，广州市人民代表大会常务委员会正在推进制定的《关于加强法律服务工作，促进粤港澳大湾区建设的决定》明确，广州建设国际争议解决之都、粤港澳大湾区商事纠纷解决中心、广州国际商贸商事调解中心。在审议中的《广州市营商环境条例》拟规定：积极完善调解、仲裁、行政裁决、行政复议、诉讼等有机衔接的多元化纠纷解决机制，为市场主体提供高效、便捷的纠纷解决途径；完善人民调解、行政调解、行业性专业调解、司法调解联动工作体系，建立健全调解与公证、仲裁、行政裁决、行政复议、诉讼等衔接联动机制。

四 小结

从治理体系看，政法体制是广州纠纷化解的核心机制，行政体系的纠纷化解部门职责相对独立，法治体系的机构多样并且内容丰富，自治体系发展迅速且相对繁荣。从治理能力上看，社会领域的治理资源掌控潜力相对较大，但每一个单一体系中涉及给付内容的实现均存在难度，法治、社会体系的回应能力相对较强，依托科学技术发展的创新能力凸显。

广州在纠纷化解领域展开了治理主体多元化探索，支持专业社会力量参与纠纷化解，在原有纠纷化解制度机制外，吸纳律师和其他专业人员、社会组织投入社会稳定风险防控，促成专业力量发展成为纠纷化解的重要主体。支持专业社会力量参与是广州纠纷化解治理的主要模式，体现了主体多元化的治理现代化发展趋势。

第三章　公共安全：依托新技术的智能化治理

　　与西方国家相比，中国政府对公共安全承担的责任范围更广。在两千多年前，孔子提出国家对社会治理的三重责任：庶之、富之、教之，即为人民提供安全、富裕和公共服务。① 孟子则说"养生丧死无憾，王道之始也"。② 这一治理传统在中国的革命和建设中得到继承和发扬，毛泽东同志在建立革命根据地之初指出防卫、粮食和医疗是首要任务。党的十九大将"坚持党对一切工作的领导"原则写入党章，并提出"让人民过上好日子，是我们一切工作的出发点和落脚点"，这是基于"四个自信"对中国治理传统的继承和深化。③

　　民生和治安是公共安全服务的核心内容。社会是风险的传导领域，所有的治理问题最终都将直接或间接对人民生活和社会秩序产生影响。公共安全治理需要全面覆盖社会风险问题，不仅包括对社会问题的直接治理，如公共卫生、社会治安，还包括对其他问题对社会领域传导影响的治理，如物价、就业等

---

　　① 《论语·子路》，载《四书章句集注》，中华书局1983年版，第143页。
　　② 《孟子·梁惠王上》，载《四书章句集注》，中华书局1983年版，第203页。
　　③ 《毛泽东选集》第一卷，人民出版社1951年版，第53—54页。毛泽东在《中国的红色政权为什么能够存在？》一文中指出："巩固此根据地的方法：第一，修筑完备的工事；第二，储备充足的粮食；第三，建设较好的红军医院。把这三件事切实做好，是边界党应该努力的。"

问题对民生问题的影响治理。社会领域的公共安全治理中，人民群众最关切的两个主要方面是民生安全、治安安全。[①]

尽管从20世纪80年代以来，西方国家的中央政府面临政府财政不足的窘境，将社会治理职责更多地赋予地方政府、市场主体和非政府组织，[②] 但与社会治理的其他领域相比，公共安全仍然是政府必须提供的基本公共产品，政府在相关治理领域扮演着最为关键的角色。得益于充沛的地方财政，中国城市地方政府在市域社会治理中的主导作用更为突出。

一 基本民生安全的治理情况

就业和基本生活保障是民生安全的基本内容。由于广州并非新冠肺炎疫情中心，且较早实现全面复工复产，广州经济在第二季度就走出负增长，这对维护民生安全起到了关键作用。整体来看，广州城市生活稳定，公共安全基础较好；在多种治理方式的供给下，民生安全风险整体可控。

（一）社会状态稳定且民生安全基础较好

城乡居民收入增长稳定，民生安定。广州市统计局发布的《2019年广州市城镇非私营和私营单位就业人员年平均工资情况》显示，广州市城镇非私营单位就业人员年平均工资119453元，同比增长8.7%；私营单位就业人员年平均工资为68878元，增长3.2%。尽管受到疫情带来的不利影响，2020年上半

[①]《中国城市公共安全发展报告（2018—2019）》评价篇，社会科学文献出版社2019年版。中国主流社会公共安全研究的范围相对宽泛，如黄育华等编《中国城市公共安全指数评价体系》在"社会安全"一级指标下罗列的二级指标多达6项，但归纳起来，除了基本民生保障安全和社会治安外，其他均可归入"安全生产"。

[②]［美］理查德·博克斯：《公民智力：引领21世纪的美国社区》，孙柏瑛译，中国人民大学出版社2013年版，第4页。

年广州居民收入仍然保持上升。国家统计局广州调查队公布的调查数据显示，2020年上半年，全市城镇常住居民人均可支配收入35156元，增长2.7%；农村常住居民人均可支配收入16073元，增长4.3%。

表3-1　　2020年上半年广州常住居民人均可支配收入和支出①

	城市常住居民人均可支配收入（2020上半年）	农村常住居民人均可支配收入（2020上半年）	非私营单位就业人员年平均工资（2019年）	私营单位就业人员年平均工资（2019年）
金额（元）	35156	16073	119453	68878
增速（%）	2.7	4.3	8.7	3.2

消费价格涨幅回落，民生压力下降。2020年上半年，广州居民消费价格指数（CPI）同比上涨3.5%，涨幅比一季度回落0.6个百分点，呈现逐月回落态势。但长期来看，这一回落并不稳定，7—8月居民消费价格指数又出现上升趋势。上半年猪肉消费价格指数累计上涨2.1倍、6月上涨1.9倍，环比下降8.5个百分点；水产品类上涨3.5%，在外餐饮类上涨4.1%；衣着、交通和通信类消费价格指数同比分别下降4.0%、4.3%，生活用品及服务类下降1.1%。消费价格与居民生活水平联系密切，物价回落对增强群众生活幸福感有积极意义。

就业市场保持平稳。广州统计局公布的数据显示，上半年广州城镇登记失业率为2.42%，仍在3.5%的目标以内，就业形势总体趋于平稳；6月末全市规模以上信息传输、软件和信息技术服务业企业从业人员同比增长12.5%。

---

① 整理自国家统计局广州调查队综合数据。

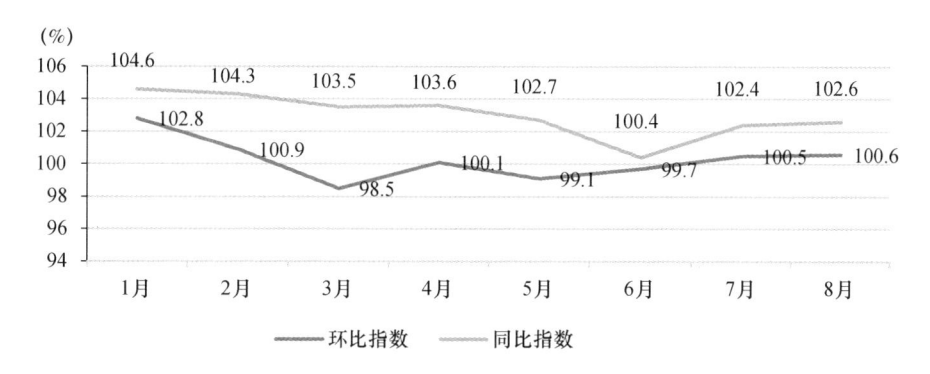

图 3-1　2020 年广州城市居民消费价格指数环比和同比变化

（二）多种治理方式下民生安全风险可控

1. 加强基本民生投入维护安全底线

加强基本民生投入，维护民生安全底线。2020 年广州全市财政各项民生投入达到 1695.8 亿元，其中安排就业保障支出 84.4 亿元，同比增长 1.15 倍。同时，2020 年广州市"低保"标准从 1010 元/月·人提高至 1080 元/月·人，增长幅度达 6.93%，其他救助标准按照同等幅度同步提高。[①]

2. 补助用人单位和个人促就业稳定

加大用人单位和个人补助，增强就业支持。广州市人社部门会同税务部门简化失业保险稳岗补贴申报程序，最大限度加快办理进度，截至 7 月底，共计向 36 万家单位发放稳岗返还资金 27 亿元。为落实好减免养老、失业、工伤、医疗保险等阶段性减免政策，通过免申报方式及时办理减免手续。1—6 月共为企业减免 288 亿元，并阶段性下调广州市失业保险浮动费率，原缴费系数为 0.6 的下调为 0.4，原缴费系数为 0.8 的下调

---

① 李振：《广州钱袋子究竟怎么花？为企业减税降费、保障民生仍是大头》，2020 年 6 月 6 日，21 财经网（https://m.21jingji.com/article/20200606/herald/413583ab6e94b41c8fa3e6597b6425b7.html）。

为0.6。

3. 推行暖企措施保护市场主体安全

加大保市场主体安全力度，保护就业市场稳定。为缓解疫情影响，广州推出多项措施保护市场主体。2月，市工信局牵头推出《关于支持中小微企业在打赢疫情防控阻击战中健康发展的十五条措施》。至7月底，全市市场主体248.9万户，同比增长12.5%，其中实有私营企业127.1万户，同比增长20.05%，为广州经济快速复苏打下良好基础。具体做法包括：一是加大减免力度，提供企业复产扶持资金。截至3月底，广州全市财政投入复工复产扶持资金55.9亿元，累计新增减免各项税费228.3亿元；市、区两级国有企业物业减免承租企业租金，全市累计减免租金20亿元，惠及各类中小微企业10万余户。二是用好用足央行疫情专项再贷款政策，扶持中小微企业发展。上半年，广州市共获批国家和省级疫情防控重点保障企业291家，其中139家抗疫重点企业获得优惠利率贷款122亿元。同时，推动政策性担保机构担保费率最低降至1%，免收再担保费，并取消抵押或质押反担保措施。广州本地的广州农商行、广州银行分别向小微企业新投放贷款314亿元和238亿元，平均贷款利率比去年同期下调15.3%和18.5%。

4. 开展多渠道的法治服务防范经济民生风险

通过多渠道、多方式加强法治服务，疏导疫情引发的市场交易矛盾，降低经济系统性风险。

一是广州市贸促会发挥商事证明书作用，免费为受疫情影响的企业开具不可抗力证明，保障企业正当权益，最大程度上帮助企业减轻延期履约或不能履约的违约责任，疫情发生后先后共为企业办理不可抗力事实性证明144件，涉及合同金额92亿元。

二是市发改部门开设行政处罚信息信用修复"绿色通道"，

协调国家和省快速审核办理，协助企业完成国家省市三级协同信用修复2306笔，并将86家广东省疫情防控重点保障物资生产企业作为增信支持对象。

三是市司法部门建立应急公共法律服务机制，针对部分企业受疫情影响出现合同履行困难、劳资纠纷增多的现象，制定汇编了《疫情防控期间人民调解工作注意事项》等指引性文件，为企业开展专项法律服务。上半年全市共计调解案件19641件，调解成功19428件，调解成功率98.92%，涉及金额约10亿元，开展矛盾纠纷排查6515次，排查发现纠纷3159件。

四是通过部门联动为外贸企业加大防疫物资出口提供支持。税务部门在疫情期间将生产疫情防控物资、受疫情影响的出口企业以及海关、外管和纳税信用均为高信用的出口企业纳入"随到随审"范围，加速出口退税审批时效。仅第一季度，就为全市近7000户外贸企业办理退税68.37亿元。

五是降低立案便利度，提升司法渠道化解社会矛盾的通道畅通水平。其一是司法渠道化解社会矛盾的能力有所提高。

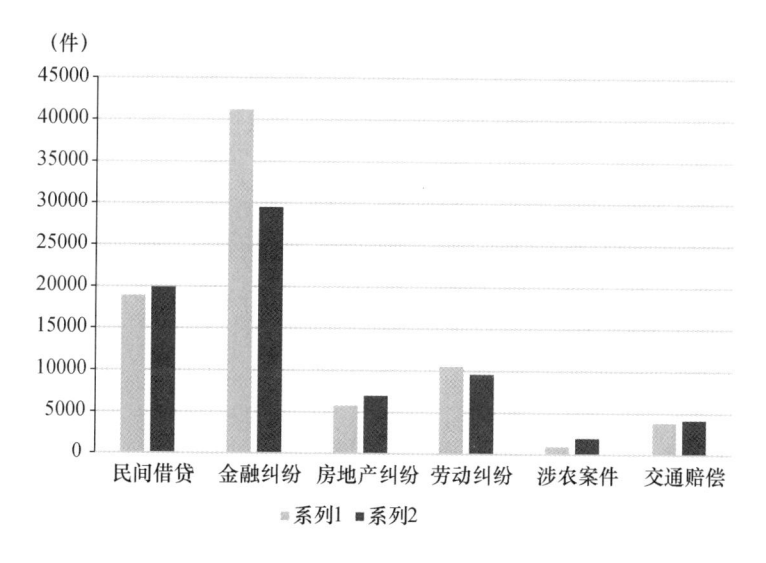

图3-2 经济形势司法指数（截至2020年9月19日）

2020年1—3月,全市法院新收各类案件182876件,办结72643件,存案179573件,同比分别增长40.32%、21.21%和39.51%;法官人均结案59.11件,同比增长16.28%;结案率为28.8%,同比下降2.97个百分点。其二是民事案件上升,刑事案件下降,司法渠道对社会矛盾导流效应明显。新收各类案件中,民事案件107321件,同比增长41.28%,刑事案件5881件,同比下降7.55%。

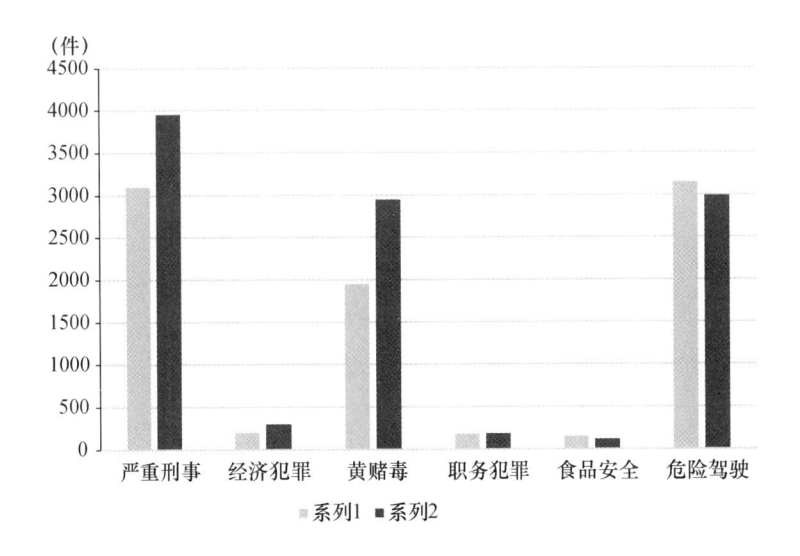

图3-3 治安形势司法指数

二 公共安全认知调查及治理

对安定社会秩序的承诺是执政的基本内容,群众对社会稳定的认知和预期是社会健康运行的基石。现代社会契约论的先驱霍布斯和洛克都认为国家的本质在于提供安定的秩序保障——人民让渡部分权力,换取对保障安全的承诺。受世界经济不景气影响,最近几年全球抗议活动进入高发期。伊朗2018年政府预算取消贫苦补贴、智利提高地铁票价引发社会骚乱等事件显示，经济不景气下民众对公共政策的耐心下降，经济下行压力容易快速导入政治领域，引爆积累的社会矛盾。为此，课题组对广州居民公共安全满意度开展了专项调查，并据此分析城市公共安全治理面临的问题。

（一）居民公共安全满意度调查结果

社会治理的根本目标在于满足群众的实际需求，提升人民群众的获得感和安全感。为了解市民对公共安全的认知和态度，课题组对在广州生活的1000名居民展开问卷调查，并尽量按照城市整体人口结构设置受访对象比例。

调查整体显示，在经济方面，广州居民收入满意度较高；在政治方面，市民对中央和本地党委政府工作抱有较高的满意度和信任感；关于社会安全风险，广州社会治安状况获得高满意度认可。从民生和基本公众满意度情况测量，广州没有相对急迫、较为突出的公共安全隐患。

在经济满意度方面，广州居民收入满意度较高。对未来经济状况总体乐观，但女性相对更为保守，男性的预期波动值较大；宏观经济不振和医疗费用上升是市民担心的主要问题；在预防和对冲家庭收入可能面临的风险方面，储蓄和购买重大疾病保险成为最受青睐的选择。

在政治满意度方面，市民对中央和本地党委政府工作抱有较高的满意度和信任感。市民对反腐败工作成就的满意度持续保持高位；关于在近期可能影响中国社会稳定因素，疫情、全球经济放缓和中美贸易冲突位列前三；受访者对国家军事安全具有充足信心，对国家经济发展未来充满信心，对中国未来两年经济发展形势持乐观预测的比例较高。

关于公共安全，广州社会治安状况获得较高满意度的认可。尽管疫情等突发灾害和大规模失业成为受访者担心的社会安全风险源,但受访者认为广州经济在未来几年将保持平稳发展,广州仍然是大多数人的选择,而且调查显示,受访者学历层次越高,选择"留在广州"的比例越高。

1. 受访者基本情况

通过问卷填写机制设计,共收集到完整填写的问卷1000份,受访者中男女各500名,年龄均为18岁以上。36—45岁受访者占比达40%,其余年龄18—25、26—35、46—55及56岁以上受访者均占15%。

从受教育程度看,受访者以大学本、专科毕业为主。大学本专科毕业生占比达到69.4%,高中毕业的受访者占23.9%;研究生以上和初中以下(含初中)分别占3.3%和3.4%。

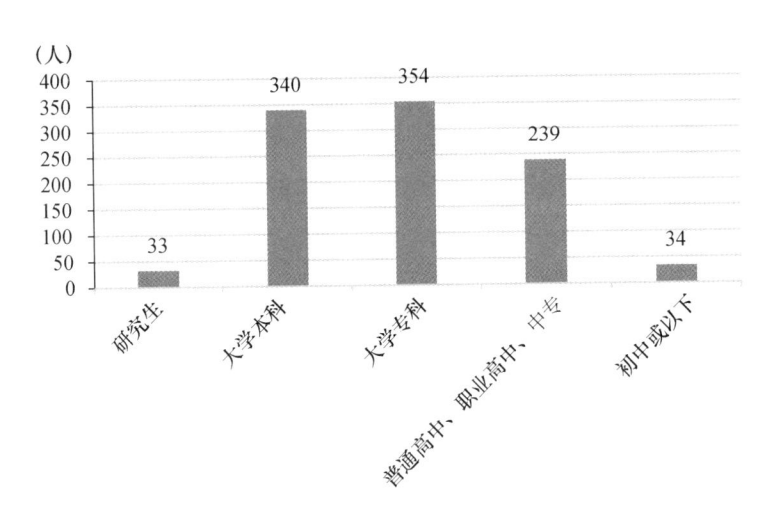

图3-4 受访者受教育情况分布

受访者职业分布。受访者中包括以下几类:一是民营企业员工,占30.9%;二是国有企业员工,占20.6%;三是外资企业员工,占17.5%;四是私营企业主,占10.8%;五是自由职业者,占10.5%;六是党政机关事业单位员工,占9.7%。

调查显示,手机新闻App和微信是受访者获取新闻的主要

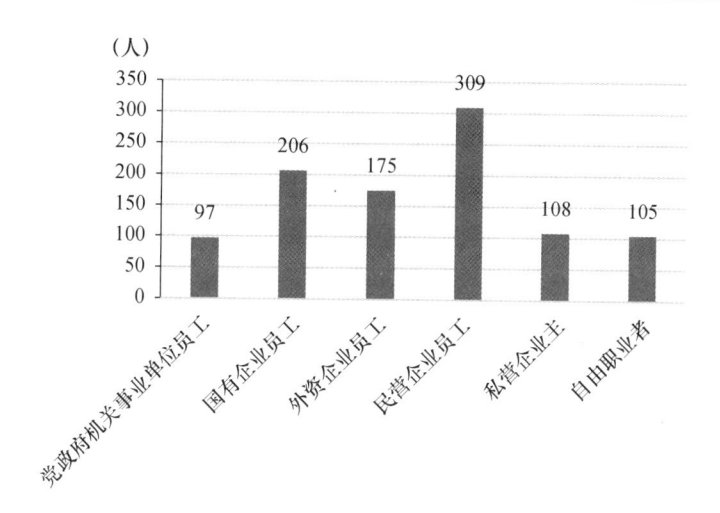

图3-5 受访者职业分布

渠道，传统主流媒体，如电视、报纸已无法占据市民主要信息获取通道。手机新闻App成为居民获取新闻的主要来源，有377位受访者将手机新闻App排在首位，另有223人和144人将手机新闻App排在第2、3位，即74.4%的受访者将手机新闻App排在前三位。

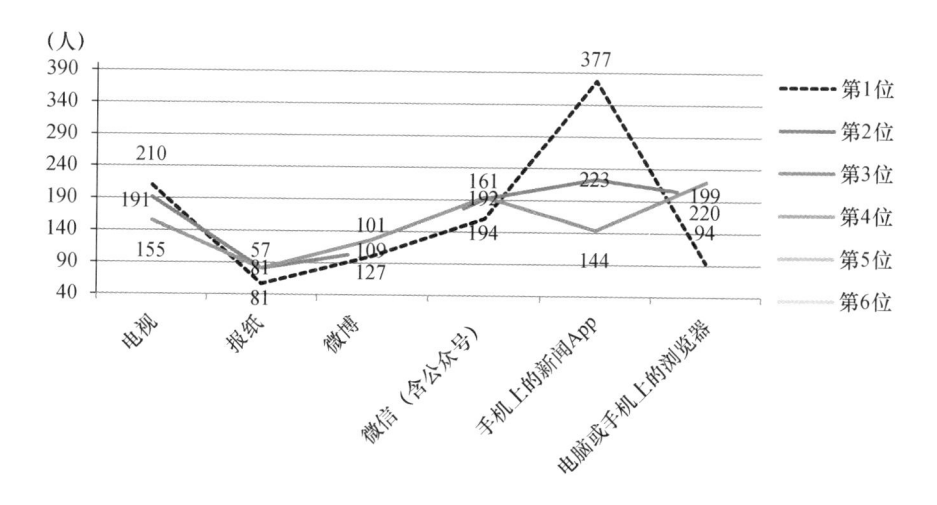

图3-6 受访者获取新闻的主要渠道

报纸的影响下降明显，在女性受访者中体现尤为明显。在1000名受访者中仅有57名将报纸列为首要新闻来源，将报纸排在前三位的也仅有219名。在不同教育背景的受访者中，都将报纸排在六类新闻媒体的落后位置。调查显示，在六类新闻媒介中，女性对报纸的疏远程度高于男性，将报纸排在首位的男性受访者为6.4%，而女性受访者仅为5%；将报纸排在前三位的男性受访者为24.8%，女性仅为19%。

2. 满意度调查结果

广州居民收入满意度较高。调查中98%的受访者对家庭经济状况感到满意，其中48%的受访者选择了比较满意和很满意。

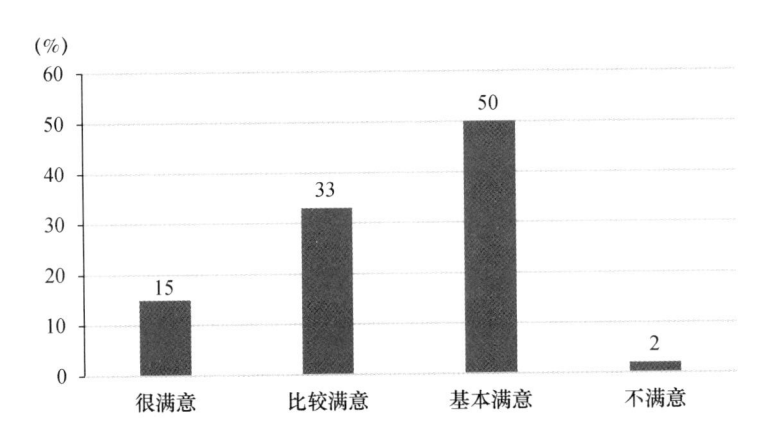

图 3-7 对目前家庭经济情况的满意程度

对未来经济状况总体乐观，女性更为保守。对未来两年的家庭收入预期的调查显示，62%的受访者认为未来两年家庭收入将基本保持稳定，有18%的受访者选择未来两年家庭收入下滑的选项，另有11%的受访者选择了无法判断，显示当前受疫情和经济下行影响，有部分市民的就业和生活受到冲击，产生了迷茫和悲观情绪。

不同性别受访者对未来家庭收入预期有较大差别，64.4%

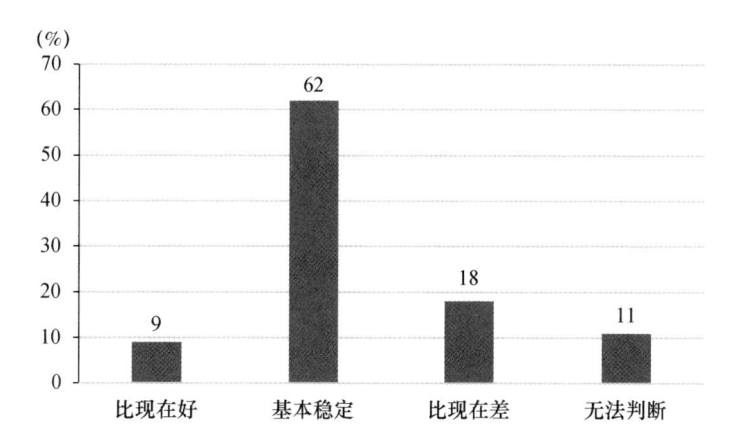

第三章 公共安全：依托新技术的智能化治理 59

图 3-8 预计未来两年内您的家庭收入状况

的女性受访者预期稳定，高于男性的 59.8%；而男性受访者选择"比现在好"和"比现在差"的均多于女性，显示在经济波动较大的情况下，男性的预期波动更大。

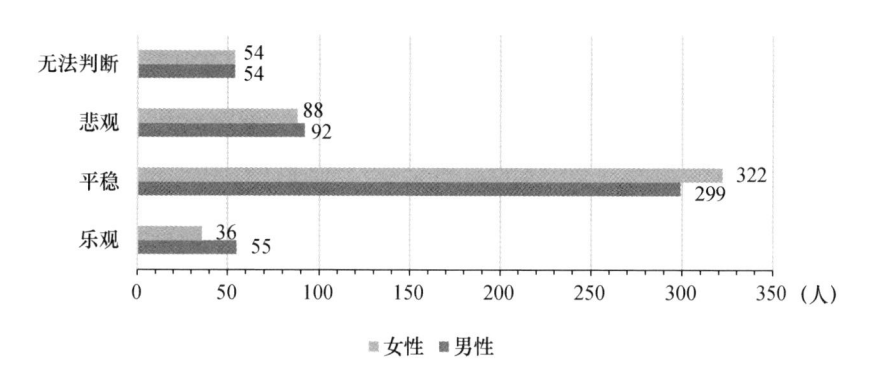

图 3-9 对未来两年家庭收入预期

宏观经济不振和医疗费用上升成为市民担心的主要问题。针对未来一两年可能影响您家庭经济状况的风险因素的提问，收入下降和医疗支出上升成为受访者最担心的问题。在这道"最担心的三个问题"选项中，共有 549 人选择了"收入下降"；568 人选择了"医疗支出"；500 人选择了"通货膨胀"。

这样的认知可能造成市民更加不敢消费的心态，对广州提振消费不利。受此影响，2020年上半年，广州市居民消费出现小幅度下降。

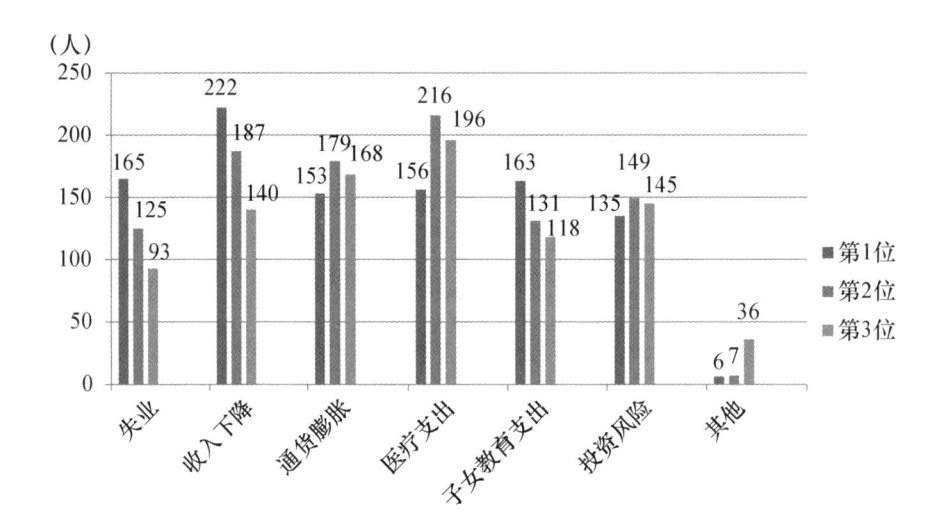

图3-10　未来一两年可能影响您家庭经济状况的风险因素

表3-2　2020年上半年广州市常住居民消费情况

	城市常住居民人均消费支出	农村常住居民人均消费支出
金额（元）	21228	11250
增速（%）	-3.9	-2.8

在预防和对冲家庭收入可能面临的风险方面，储蓄和购买重大疾病保险成为最受青睐的选择。既担心高通胀率又将储蓄作为优先选择，表明中国依然缺乏储蓄之外的稳定投资渠道，即使相对了解投资的广州市民多数也采取消极的防御式措施。

广州市民对中央和本地党委政府工作抱有较高满意度和信任感。受访者对反腐的满意度是对党政治理效率的重要信任指标。调查结果显示，广州市民对反腐败工作成就的满意度持续

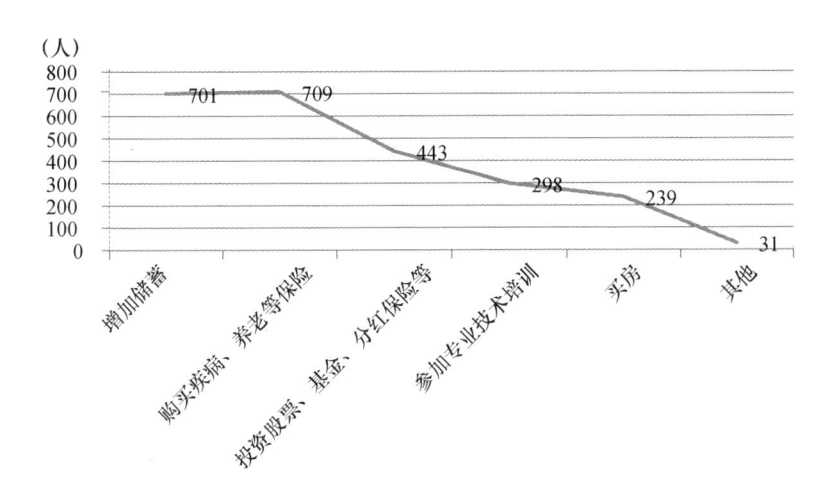

图 3-11 采取了哪些措施预防家庭面临的未来风险

保持高位,选择"不满意"的仅为 13 人;选择"很满意"和"基本满意"的则分别为 298 人和 499 人;选择"很满意"的受访者中,女性比男性高出 4%。

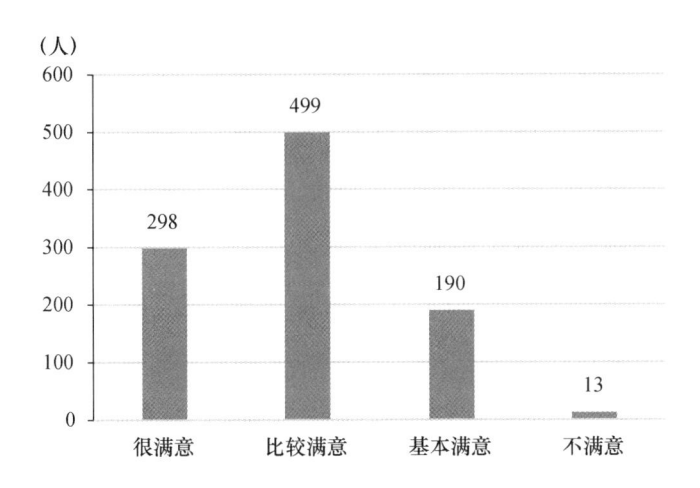

图 3-12 您对国家当前反腐工作的满意程度

广州公众对国家经济发展未来充满信心。91% 的受访者对中国未来两年经济发展形势持乐观预测,认为中国可能出现经济下滑风险的仅占 4%;对未来两年中国发生经济危机的风险,仅有2%的受访者认为存在风险,64%的受访者认为基本不存在经济危机风险。年龄段在46岁以上的受访者对中国未来两年经济发展形势最为乐观,可能是对中国改革开放的长时段观察让他们对中国发展充满信心。

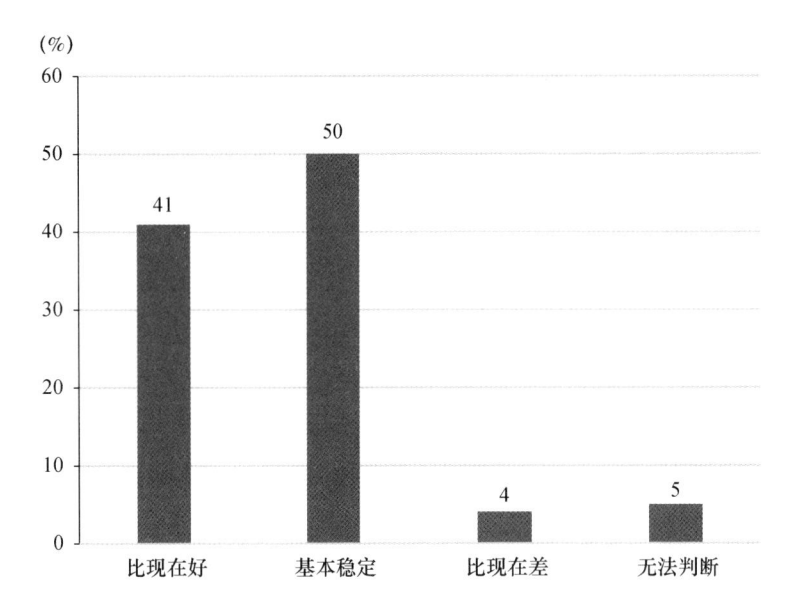

图3-13 您对国家经济发展未来信心程度

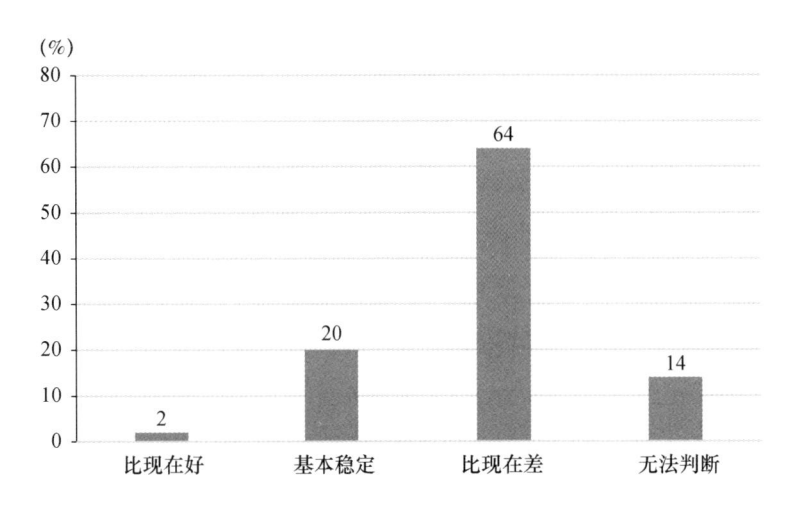

图3-14 您对中国未来两年经济发展形势的判断

第三章 公共安全：依托新技术的智能化治理

尽管中美贸易冲突的影响已经进入普通市民生活领域，但仍有59%的受访者认为中美贸易冲突不会对生活产生破坏作用。

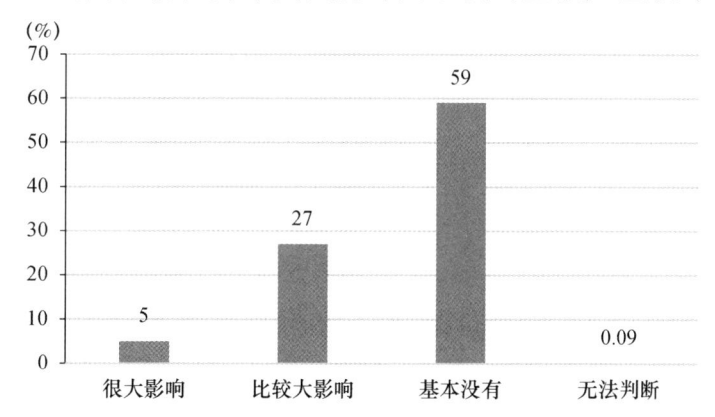

图3-15 中美贸易冲突对您未来一到两年生活的影响

广州是南部战区领导中枢所在地，加之广州信息舆论发达，群众对台海局势和南海局势较为关注，调查结果显示受访者对国家军事安全具有充足信心。67%的受访者认为未来两年中国基本不会与其他国家和地区发生军事冲突。这一结果表现了市民对长期和平的认知和希望，与社交平台上火爆的军事冲突话题热点反差较大。这一差异，可能与受访者群体差异有关，还有可能是因为网络公共讨论平台放大了某些话题的热度。

在未来一两年可能影响中国社会稳定因素的提问中，疫情、全球经济放缓和中美贸易冲突被受访者排在前三位，表明广州市民对全球经济具有高度关切。受正在持续的新冠肺炎疫情影响，共有59.8%的受访者将疫情排在影响中国社会稳定因素的前三位，其中高达277位受访者将疫情排在首位，将疫情因素排在第二位的有171位，排在第三位的有150位。其次是对中美贸易冲突的担忧，作为外贸窗口城市，广州市民对外贸重要性的认识高于内地，共有505位受访者将中美贸易冲突列为影响未来社会稳定排在前三的因素，其中列为第一选择的187人，

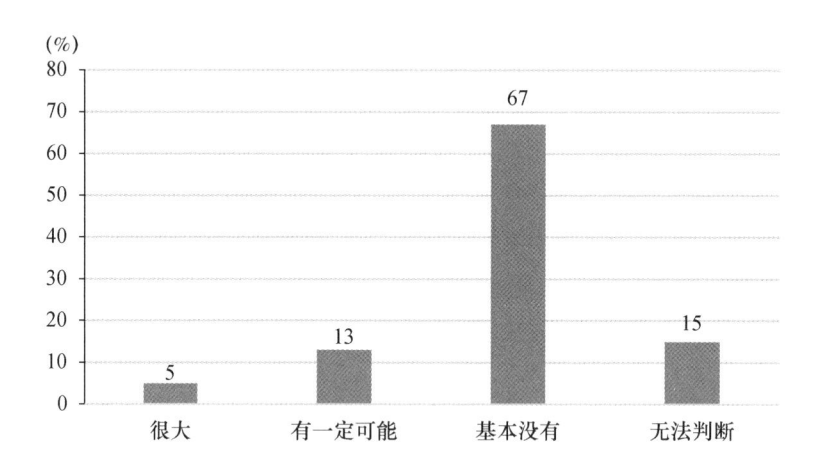

图 3-16 您认为未来一两年中国与其他国家发生军事冲突的可能性

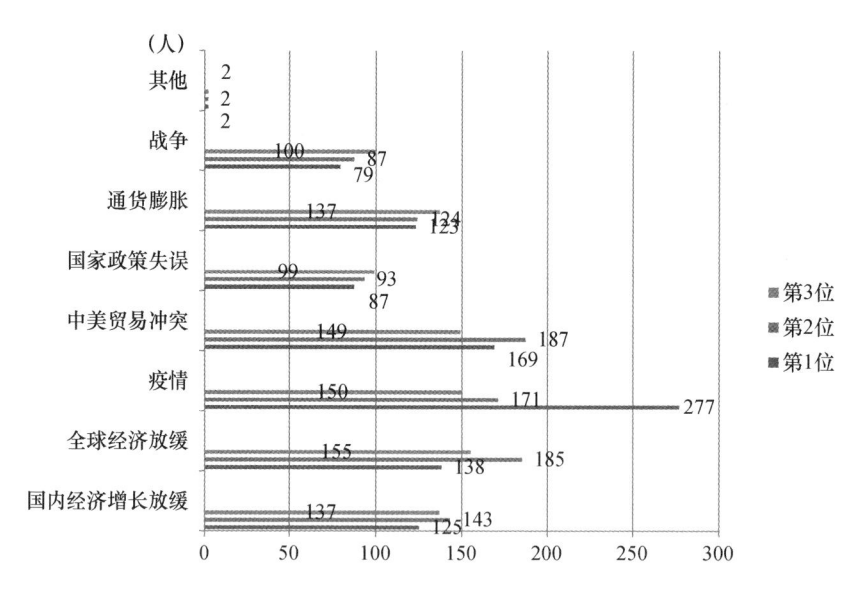

图 3-17 未来一两年可能影响中国社会稳定的因素

第二选择 169 人,第三选择 149 人。第三是对全球经济放缓的担心,有 185 人在第一顺位选择了全球经济放缓可能影响中国社会稳定,将这一因素排在前三位的共有 478 人。如果将全球经济放缓和中美贸易冲突两项可能影响广州外贸行业的因素叠加计算，则高达98.3%的受访者将外贸问题作为影响社会稳定的前三因素。

广州社会治安状况获得高满意度认可。在对广州社会治安情况满意度的调查中，98%的受访者对广州社会治安情况选择基本满意以上，其中，很满意的选择达到25%，仅有2%的受访者选择了"不满意"。

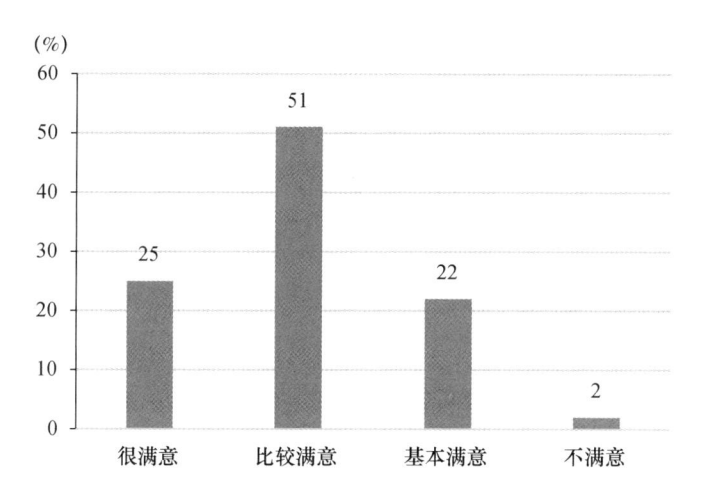

图3-18 您对广州社会治安情况的满意程度

疫情等突发灾害和大规模失业成为受访者担心的社会安全风险源。在对未来两年可能影响广州社会发展的公共问题中（最多可选三项），653名受访者选择了疫情类公共卫生事件，462名受访者选择了自然灾害，显示新冠肺炎疫情给市民认知带来深刻影响。另外，474位受访者选择了"大规模失业"，显示受访者对经济形势的担忧。

受访者认为广州经济在未来几年将保持平稳发展。38%的受访者认为广州未来两年经济发展将会继续提升，46%的受访者认为广州经济将保持平稳，但也有16%的受访者对广州经济发

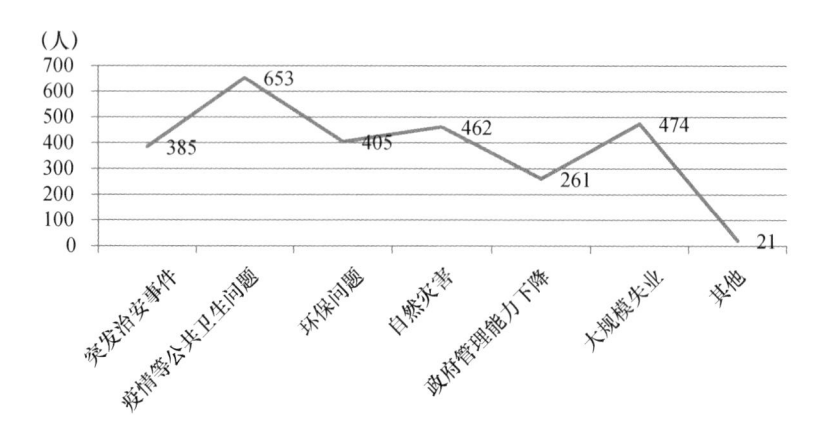

(人)
700
653
600
500 474
462
400 405
385
300
261
200
100
21
0
突发治安事件 疫情等公共卫生问题 环保问题 自然灾害 政府管理能力下降 大规模失业 其他

图3-19 未来两年影响广州公共安全的前三项问题

展提出担心。在疫情和中美贸易冲突结果尚不明确的情况下，这一认识相对乐观，表明受访者对广州城市发展具有较为充分的信心。

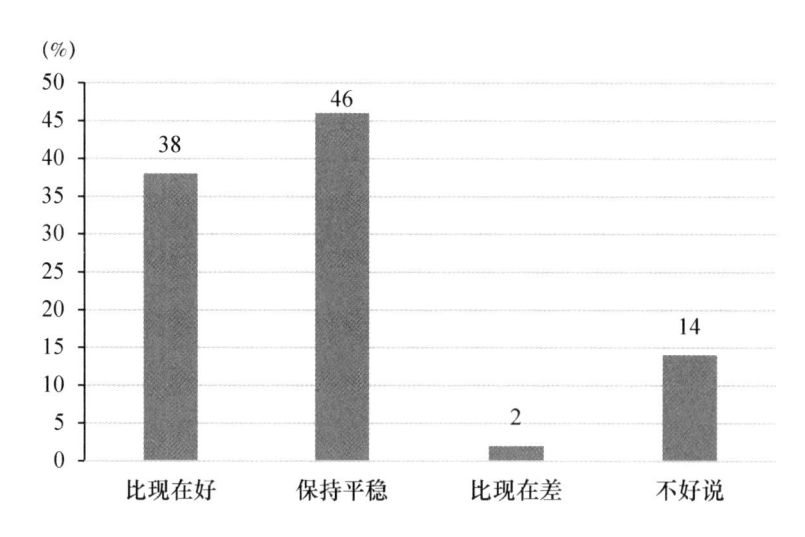

(%)
50
46
45
40
38
35
30
25
20
15 14
10
5 2
0
比现在好　保持平稳　比现在差　不好说

图3-20 您认为未来两年广州的经济发展情况将会如何

广州仍然是大多数人的选择。58%的受访者没有考虑过离开广州到其他地方工作。受访者中选择可能回老家的占到13%，显示大城市生活成本较高，经济压力对外来人口的影响尤其明

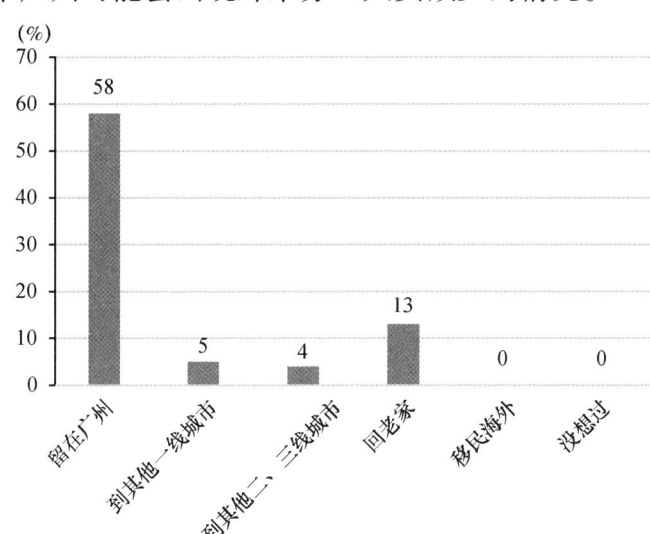

显，未来广州可能会出现外来务工人员减少的情况。

图 3-21 您是否考虑过未来两年离开广州到其他地方工作或生活

统计显示，受访者学历层次越高，选择"留在广州"的比例越高。

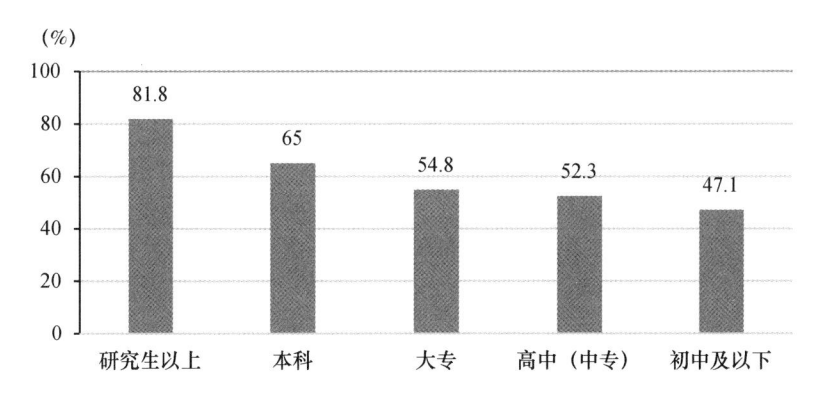

图 3-22 不同学历层次意向留在广州发展的比例

（二）城市公共安全治理面临的问题

尽管在民生和基本公众满意度的公众调查，广州没有体现出相对急迫、较为突出的公共安全隐患,但是从宏观层面分析,广州城市公共安全治理仍然面临较为突出的问题,其中就业压力和公共安全持续投入能力为城市公共安全治理带来明显挑战。

1. 就业压力上升与人口吸纳的矛盾

广州的就业压力上升与城市吸纳外来人口之间存在短期矛盾;而长期来看,人口高密度集中和人口异质性等问题深度嵌入城市运行,将带来新的问题。随着国家启动以国内大循环为主,国际国内双循环发展格局,年轻人口将成为各大城市争夺的主要对象。艾媒咨询(iiMedia Research)发布《2020年中国就业创业市场现状与趋势发展分析报告》指出,2019年大环境不景气,企业纷纷减少招聘数量,并进行不同规模的裁员,个别地区甚至出现企业倒闭潮。统计显示,2019年末广州在校大学生126.54万人,排名全国第一,由于二、三线城市受新冠肺炎疫情影响更大,经济恢复缓慢,部分回乡创业、就业人员不得不重新回到一线城市寻找机会,而毕业生倾向在学校所在城市就业的惯性,使6月以后的毕业季中适龄劳动力不断涌入就业市场,导致广州面临较大就业压力。

2. 公共安全持续投入能力受到考验

公共安全治理需要政府大量的资源投入,其中包括对粮食、蔬菜等基本生活用品的保障投入,还包括对社会治安警力投放、贫困救助、教育医疗等公共服务的投入。

2020年上半年新冠肺炎疫情暴发,停产停业影响了企业经营及政府税收,同时大量的防疫开支对公共财力造成较大损耗。尽管广州较好地实现了疫情管控,在第二季度地区生产总值增速转正,同比增长0.9%,[1]但受疫情影响,广州2020年上半年

---

[1] 整理自《上半年广州市经济运行情况分析》,广州市统计局(http://tjj.gz.gov.cn/tjfx/gztjfx/content/post_6472838.html)。

实现地区生产总值 1.1 万亿元,同比下降 2.7%,地方一般公共预算收入 817.12 亿元,下降 6.9%。而 2019 年广州全市一般公共预算收入 1697.2 亿元,增长 4%;① 全市公共财政民生支出 1947.6 亿元;市政府《关于广州市 2019 年预算执行情况和 2020 年预算草案的报告》提出 2020 年市级财政共计安排 536.2 亿元发展民生事业,较上年增长 13%。② 如果实现全市同步增长,2020 年广州全市公共财政民生支出将超过 2200 亿元。从广州市公安局近三年的财政预算来看,2018 年、2019 年和 2020 年获得的财政预算投入分别为 576434.75 万元、660077.63 万元和 664902.27 万元,增速分别为 31%、14.51% 和 0.73%,下降趋势明显,这对完善城市治安防控体系,应对突发安全风险造成一定压力。

三 典型做法:警民联动的治理模式

2000 年前后,广州"双抢"案件频发,治安混乱情况广为诟病。随着不断创新工作方法,加大治安治理力度,市民对广州社会治安的满意度不断提升,城市治安水平持续提升。广州社情民意研究中心开展的社会治安专项调查显示,市民对"社会治安"的满意度在 2015 年首次突破 50% 后持续提升,2017 年、2018 年分别达到 67%、74%,2019 年评价大幅提升,达到 86%。③ 在 2019 年度广东全省平安建设(综治工作)考评中,

---

① 加上调入资金、上级补助等资金,一般公共预算实现支出 2865.1 亿元,增长 14.3%。参见唐珩《2020 年全市财政各项民生投入将达到 1695.8 亿元》,《羊城晚报》2020 年 6 月 6 日第 4 版。

② 整理自《广州 2020 年本级财政安排逾 530 亿保民生》,《南方日报》2020 年 6 月 7 日第 4 版(http://epaper.southcn.com/nfdaily/html/2020-06/07/content_7886780.htm)。

③ 《广州首次荣登全省"平安大考"榜首》,2020 年 8 月 25 日,法制网(http://www.legaldaily.com.cn/index/content/2020-08/25/content_8286415.htm)。

广州首次排名第一，获得优秀等次。

西方主流学者从治理角度提出维护公共安全的三个主要维度：一是治理高效，二是治理体制的社会吸纳能力强，三是治理渗透能力强。[①] 广州的公共安全治理回应了上述三个维度，通过推动党委统一领导、层层压实政府部门责任和吸纳全社会共同参与的治理模式取得了社会治安治理成效，形成吸纳社会领域参与公共安全治理的"广州街坊"品牌，并以大数据技术手段支撑加强了相关监管。其中依托新技术手段开展的群防群治，体现了公共安全治理的智能化发展趋势，为社会治理方式现代化提供了成功案例。

（一）通过党委统一部署形成治安治理闭环

地方党委通过统一部署，压实责任，加强考核形成治安治理的闭环。以白云区创建全民禁毒工程示范区的治理模式为例，一是党委统一领导统一部署，加强治理工作的权威性和整体性，区委主要领导每月主持召开压减警情工作会议，通报治安形势、压减警情工作情况，并对重点镇街进行督导检查。二是以党建引领制度建设和人员配备，按照《中国共产党政法工作条例》有关规定，区委政法委以学习贯彻落实条例为抓手，出台《关于政法领导干部协管工作和镇街政法委员配备工作等有关事项的通知》，在全区24个镇街全覆盖配备政法委员。三是压实干部责任，将任务分解到人、落实到岗，由区委组织部和区委政法委共同对政法干部进行管理，建立区委政法委全体会议、政法干部季度思想汇报、政法工作每月例会和每日报送等制度机制，强化对政法工作的落实。四是加强效果检查和工作督导，

---

① Jeff Goodwin and Theda Skocpol, "Explaining Revolutions in the Contemporary Third World", *Politics and Society*, Vol. 17, No. 4, 1989, pp. 489—509. 转引自赵鼎新《当今中国会不会发生革命？》，观察者网站（https://www.guancha.cn/ZhaoDingXin/2013_01_04_118142.shtml）。

区委政法委牵头，建立突发案事件反查、通报及约谈机制，督促各镇街和相关部门落实责任，实现部门协同、综合治理。

（二）职能部门集中警力打击严重热点犯罪

公安机关集中警力，强力打击严重犯罪，形成震慑效应。2020年初，广州市公安局组织开展了"十大攻坚战"，重点积案清理攻坚战是其中一项重要内容。广州警方全力投入，多管齐下，截至5月初，共侦破疑难命案积案30宗，超过去年全市侦破命案积案总数（23宗）。2020年4月以来，组织开展"飓风15号"命案积案攻坚行动，广州市公安局刑警支队牵头有关警种和各区公安分局，对命案积案展开强力攻坚，共侦破命案积案13宗，其中20年以上积案3宗、10—20年积案10宗，最长一宗为29年前的积案。加强对严重犯罪案件的侦破办理，对形成震慑、强化治安红线起到重要作用。

除了集中警力打击严重犯罪之外，广州公安部门还聚焦打击新兴犯罪，维护经济社会生态安全。新生业态给行业发展带来了新鲜血液，也给犯罪提供了新的空间。新兴行业的监管滞后一直是社会治理难题，由于广州的经济活跃度高，该问题更加突出。当前，由于互联网直播行业火爆，广州围绕直播行业产生了各种新兴违法犯罪案件。在广州宣布打造"直播之都"后，吸引了大量青年人员投入相关行业，其中以招募主播为名，实施金融诈骗的犯罪案件时有发生，具体表现为美容院、代理中介和贷款公司合谋组成骗局链，对年轻女性进行诈骗。犯罪分子首先在网站发布虚假的主播招聘广告，其后对应聘者进行贷款整容项目线下宣传，在受害人办理贷款后，犯罪分子既不提供主播工作，也不提供或者仅提供价值较低的美容服务，但持续追索贷款本金以及高额利息，利用受害人的恐惧心理取得钱财。2020年3月，天河公安对一涉嫌以招聘求职需贷款整容为幌子实施诈骗的团伙全面收网，抓获14名犯罪嫌疑人，涉案金额约230万元，打击了新兴违法犯罪团伙，震慑了相关违法人员。

（三）吸纳社会参与打造"广州街坊"品牌

打造"广州街坊"品牌，吸引群众参与治安联防，完善群防共治工作机制，构建城市安全防控的全民战争。从2018年开始，市委政法委、市公安局便创新打造以"广州街坊"命名的群防共治队伍，激发基层群众参与社会治理，充当社会治安的信息员、巡防员，震慑、防范、协助打击各类违法犯罪活动。同时"广州街坊"微信公众号还提供群防技能培训，反恐防爆知识培训，精神卫生、地铁安全等培训和基础知识问答。截至2019年10月，在"广州街坊群防共治"微信小程序上注册的人员，已有131万余人。

当前，"广州街坊"平台的"白云快递小哥"已经成为全国知名禁毒品牌。为加强社会力量协同配合，激励群防共治队伍，白云区出台专门奖励工作方案，自2016年起每年投入800万元作为奖励基金；2019年修订方案，扩大受奖人员范围，全面简化奖励金审批流程，建立群防共治奖励快发机制。同时，提升大数据支撑，创建物流寄递治安管理工作模式，被中央政法委和公安部作为经验材料印发全国推广学习。深化升级"云递安"系统，强化物流寄递行业管控科技辅助力量。2019年，白云区在50克以上毒品案件来源地途经地指向、A级外地情报线索指向、外地抓捕类协查指向的"三大指向"对查办案件的支撑作用明显。在这一工作模式下，"白云快递小哥"在2016—2020年协助公安部门直接缴获各类毒品1332.4公斤[①]，

[①] 统计数据截至2020年7月。

破获重大毒品案件36宗；2020年4月，公安机关还通过石井街一名"白云快递小哥"的协助，顺利抓获一名潜逃19年的命案逃犯。2020年1—7月，白云全区接报案件类警情同比下降29.21%，降幅较全市高5个百分点，其中"两抢"、入室盗窃、伤害警情同比下降幅度均在60%左右，全区命案破案率100%。

（四）以大数据技术手段加强支撑相关监管

提升公共安全治理能力的一个重要因素是科技手段，特别是大数据技术的发展和应用。借助这些技术，可以对较为复杂地区实施精细、实时的管控。如全市出租屋普遍安装高清摄像设备和蓝牙门禁系统，使出租屋管理、综治维稳和公安部门可以便捷精确地采集外来人员信息，为精细管理创造了前所未有的便利条件。在白云区某外来务工人员和出租屋密集的城中村，人口倒挂明显，成为外来人口强制管控能力建设的重点。自2018年以来，增加了村维稳组织和技术能力的投入，配备150名综治维稳人员，安装上千个摄像头，给所有出租屋安装蓝牙门禁。这些能力建设迅速转化为实效，使该村犯罪率"断崖式"下降，刑事犯罪比2017年下降70%，严重犯罪基本绝迹，连盗窃都大量减少。

四 小结

在治理体系方面，广州通过党委统一部署形成治安治理闭环，职能部门集中警力打击严重热点犯罪。从治理能力看，依托智能化技术打造的"广州街坊"等群防群治品牌，全方位动员不同治理体系，带来较强资源掌控能力，促进治理权力广泛渗透，体现出治理体系的回应和创新能力。

广州依托新技术手段开展的公共安全治理，运用新技术广泛吸纳社会力量从前端参与治理活动，形成高效开放的公共安全群防群治格局。以大数据技术手段加强支撑相关监管，提升了治理能力，体现出公共安全治理智能化的取向，实现了治理现代化的转型。

第四章　环境污染：从工程治理到社会治理

党的十八大以来，生态文明建设成为中国的基本治国方略，成为各级政府高度重视的公共治理工作内容。环境污染是市域社会治理现代化试点工作部署中提出的"需要重点突破和聚焦解决的突出问题领域"。从治理实践和学术研究角度看，环境治理不仅是技术问题，也不仅是官方的公共管理问题，而是典型的社会治理议题。

首先，很多环境治理实践涉及广泛的社会利益和社会关系调整，治理对象不局限于污染企业，还涉及广泛的社会行为体，甚至普通公众。本课题重点分析的城市生活垃圾处理和水污染治理都是典型示例：所有的城市居民都是垃圾和污水的产生者，但同时也都是污染的受损者和利益相关方。垃圾治理和河涌污染治理都涉及大规模社会行为、社会偏好的改变，涉及社群关系的调整，涉及政府与社会力量和普通公众的互动。

其次，从全球和国内实践看，环境治理具有很强的社会参与性和主体多元性。环境治理主体不仅是政府监管机构，还包括企业、社会组织乃至公民个体等社会领域主体。现代环境治理的兴起与工业化国家在 20 世纪 60 年代后期的环境主义社会运动密切相关。回顾工业化国家环境治理的发展道路，我们可以看到，先有主要由科学家和知识分子领导的社会运动和环保社会组织，然后才有政府环保机构和环保政策，可见环境治理在工业化国家的早期发展是由社会力量直接推动的。虽然中国的环境治理主要由政府推动，但环境社会运动和环保组织同样活跃，并且能够积极参与地方和国家层面的政策制定甚至立法，能够体现环境治理的主体多元性和治理过程的开放性。中国环境领域的社会组织在数量、专业化程度和政策影响力水平方面，高于其他公共治理领域的同类社会力量，它们为公众参与治理提供了相对更高质量的组织化渠道，增强了中国环境治理的社会开放性和主体多元性。

垃圾分类和河涌污染治理是近年来广州最受重视的两个环境治理议题。垃圾分类在2012年一度成为"市长项目"，成为具有很强优先性的城市治理议题，自2018年来再次受到中央和地方的高度关注。河涌治理早在2005年前后就开始引起政府的重视，2010年亚运会期间形成第一次治理高潮，此后一直保持较高热度。2015年，中央出台"水十条"；2017年，中央巡视组对广州黑臭水体问题提出批评。此后，广州河涌问题再次呈现出很强的治理优先性。

从成因看，这两个环境议题的本质都是"城市病"，与城市化进程和城市治理能力发展欠缺紧密相关。垃圾处理成为严重的环境挑战，根源在于城市人口快速增长、消费扩张，城市居民垃圾产生量增长过快。河涌污染也同城市人口膨胀、生活污水过量排放有直接关系。同时，这两个环境治理领域都与广大市民的利益直接相关：普通市民既是生活垃圾和生活污水的排放者，也是直接或者间接的被污染者，还是污染治理的参与者。垃圾分类和河涌污染治理还都涉及居民社会行为和公共意识的改变，涉及社区关系以及社会与政府关系的调整。为此，本课题通过对比两类治理活动，提炼广州环境治理模式，并指出其中的现代化转型取向。

一 垃圾分类

从2006年开始,"垃圾围城"危机在中国东部沿海发达城市不断出现,城市垃圾分类管理受到广泛关注,并成为中国城市环境治理的重要议题。近年来,各地对垃圾治理的重视程度再度提升。垃圾分类不仅考验城市治理的工程技术能力和行政管理能力,还是一场深刻的社会改革,涉及广大城市居民生活习惯、公共观念和社会行为的改变,是对城市社会治理能力的重大考验。广州的垃圾产生量全国排名第三,在垃圾分类治理领域积累了许多开创性经验,遇到的挑战也具有很强的代表性。

(一) 垃圾分类治理的发展概况

广州是国内最早开展垃圾分类的城市,也是最早针对垃圾分类进行系统性制度建构和能力建设的城市。但是从结果看,广州垃圾分类工作在时间和制度建设方面的领先,并没有转化成为成效上的领先,连广州市的决策者都认为广州垃圾分类工作"起得早,醒得晚"。[①] 但也正因如此,广州的垃圾分类工作对中国其他城市具有借鉴意义。

本课题以2009年作为起点,对广州垃圾分类工作展开梳理。2009年,广州明确了垃圾分类的专门管理机构,针对性的制度建设和能力建设进入全面发展阶段。此前十年,尽管广州是国内最早一批开展垃圾分类探索的试点城市,但没有实质性

---

① 2016年6月8日对匿名广州市人大代表的访谈。

的进展。① 从 2009 年开始，广州的垃圾分类工作进入新的发展阶段，从 2012 年开始全面提速，在大约三年时间里发展出以专业行政体系和强制性法律体系为核心，辅以社会多方参与的治理模式。

促使广州垃圾分类快速发展的主要因素如下：一是"垃圾围城"带来的巨大现实压力，二是垃圾处理设施选址引起的社会冲突促成治理思路转变，三是城市领导层高度重视。2000 年开始的垃圾分类试点没有全面铺开的直接原因在于，当时的垃圾产生量尚未给城市管理带来足够大的压力，没有引起城市领导层的足够重视。但是从 2000 年开始，广州垃圾产生量快速增长与垃圾处理能力低下的矛盾日益尖锐。2001 年，广州日均垃圾产生量大约为 4500 吨/日，到 2010 年已经突破 1.78 万吨/日，年产生量超过 356 万吨，但 2010 年广州的垃圾处理能力不到 327 万吨，缺口将近 30 万吨。② 承担广州主城区垃圾处理的两大填埋场常年超负荷运转，剩余容量有限，2013 年时有专家预计 2016 年将达到饱和。③

广州市政府较早就意识到垃圾处理能力严重不足的问题，早在 1997 年就编制了《广州市环卫设施发展规划》，提出要在 2010 年建成一批焚烧发电厂、垃圾制肥厂等设施。2006 年编制的《广州市固体废物污染防治规划（2005—2015）》则明确提出以焚烧厂为重点的垃圾处理设施建设目标，计划在 2015 年前建成 5 座垃圾焚烧厂，焚烧处理 50% 的生活垃圾。但这些规划设施大多落地进度缓慢，其中一个重要阻力来自设施周边居民的抵制，特别是 2009 年番禺垃圾焚烧发电厂规划选址引发的大

---

① 《建设部城市建设司副司长王天锡在城市生活垃圾分类收集研讨会上的总结讲话》，2000 年 12 月 13 日，http://www.law-lib.com/fzdt/newshtml/22/20051027215123.htm。
② 数据采集自《广州年鉴》及《广州市固体废物污染环境防治信息》，作者自行整理。
③ 广州市财政局：《2013 年广州市垃圾处理项目效绩评价简要报告》，2015 年。

规模"邻避"①事件，促使决策者重新审视原有的垃圾处理政策和技术路线，以源头减量为出发点的垃圾分类开始受到重视，垃圾处理的整体定位和思路开始从传统的环卫保洁向环境污染治理和绿色发展转变。

2010年，刚刚成立一年的垃圾分类主管部门——广州市城市管理委员会（下称市城管委）成了分类处，专职管理垃圾分类工作。同年，市政府发布《全面推进垃圾分类工作规划》，成为国内城市最早的垃圾分类专项规划，明确了全市垃圾分类工作目标。

1. 行政体系建设：以固废办为核心的跨部门协调机制

2012年，垃圾分类被列入市长工程，专门的行政体系搭建和能力建设全面提速。垃圾分类行政管理体系的核心是市长牵头的广州市固体废弃物处理工作领导小组，日常工作由设在市政府的固体废弃物处理办公室（下称固废办）牵头。全市22个职能部门是固废办成员，市政府秘书长担任主任。通过设立固废办和实行垃圾分类工作联席会议制度，广州形成了强有力的垃圾分类跨部门协调机制，旨在克服长期存在的职责分散、执行力弱等问题。

由于涉及部门众多，为了进一步明确部门职责，市政府推出了垃圾分类处理工作全流程设计。全流程设计系统构建了垃圾分类处理的组织架构、运行管理和政策法规体系，明确了"源头减量、分类投放、分类收集、分类运输、分类处置及全过程监管"6个环节的工作内容、部门职责，实现了垃圾分类管理流程再造。全流程设计不仅实现了垃圾管理路径的系统化、精细化，还明确了垃圾分类的多部门协作性质。后来的发展证

---

① "邻避"转译自英文"Not In My Backyard"的缩写"NIMBY"，泛指民众针对自己不喜欢的公共设施的抵制行动。这类行动的常见抵制对象包括垃圾处理设施、公路、精神病院、监狱以及各类具有环境污染风险的设施等。

明，广州对全流程设计的梳理和制度化对国内其他城市垃圾分类处理工作起到示范作用。

为加强贯彻执行力度，广州市政府还建立了一套评价考核制度，如推行四套班子主要领导挂点督导各区、市直机关和企事业单位、挂点督导帮扶街（镇）生活垃圾分类处理工作制度；建立通报和考评制度，定期对全市垃圾分类处理工作进行通报，并将垃圾分类列入考评内容；实施"以奖代罚"制度，用经济杠杆调动各区垃圾分类积极性；组建垃圾分类督导员和志愿者队伍等。

2. 法治体系建设：率先依法强制分类

除了建立完备的行政体系，广州市政府还注重将垃圾分类纳入法治化轨道，通过出台强制性的法规和罚则引导和改变社会行为。广州市政府在2011年颁布实施了《广州市城市生活垃圾分类管理暂行规定》（下称《暂行规定》），是中国首个专门针对垃圾分类的规范性文件。2015年，市政府对《暂行规定》进一步修订，出台《广州市城市生活垃圾分类管理规定》（下称《分类管理规定》）。《分类管理规定》的重要改动是增加了对不分类行为的罚款条款，让广州成为国内首个以"准立法"形式强制开展垃圾分类的城市。广州还围绕《分类管理规定》制定了一系列配套制度，其中比较重要的包括《广州市生活垃圾分类管理规定》《广州市购买低值可回收物回收利用管理暂行办法》《广州市餐饮垃圾和废弃食用油脂管理办法（试行）》《广州市居民住宅装饰装修废弃物管理办法》《有害垃圾收运处置工作指引》《生活垃圾分类设施配置及作业规范》《广州市生活垃圾分类运输作业规定》等。这些配套制度进一步细化了不同利益相关方的责任和义务，完善了针对垃圾分类的法治体系。不过，尽管广州在规则制定上处于全国领先地位，但由于没有严格执法，罚则出台之后很长时间都没有处罚案例，这套强制性的法规体系至少在 2018 年以前并没有发挥应有作用。

3. 官方吸纳与社会自主参与

市政府很早就认识到垃圾分类不仅是技术问题，还是社会问题，是一项涉及全体社会成员行为和偏好改变的社会改革，因此一直高度注重动员公众参与。在 2009 年连续爆发反对垃圾焚烧厂选址的公众抗争以后，广州不仅没有收紧公众参与，反而更加主动开放决策和执行过程，建立更加制度化的公众参与机制，提高决策透明度和公众认受度。关于参与式决策最具代表性的制度成果是 2012 年成立的广州市城市废弃物处理公众咨询监督委员会（下称咨监委）。咨监委是典型的官方吸纳式政治参与机制，参与成员的筛选、讨论议题完全由发起部门主导，确保社会参与可控并配合官方的政策目标。咨监委的成员包括人大代表、政协委员和技术专家等社会精英，还包括官方认可的普通公众代表。政府建立咨监委的初衷是增加官民沟通协商渠道，提高政策透明度和公信力，减少社会矛盾。咨监委成立后参与了垃圾分类试点工作的设计、评估和监督，咨监委委员还经常深入试点社区同居民面对面交流，开展现场调研，起到了政策宣传和社会动员的效果。

经过从 2009—2015 年的持续动员，广州公众对垃圾分类的认知度、支持度明显提高，媒体形成了参与习惯，专业环保和回收企业也培育起来，初步形成产业体系。此外，多年的官民良性互动还催生了关注垃圾分类议题的专业环保社会组织。其中一些社会组织通过主动的能力建设和同相关部门建立的互信关系，能够参与垃圾分类的监督和决策建议。除了动员公众参与垃圾分类、改变公众认知和行为，主管部门还特别鼓励环卫企业和资源回收企业参与垃圾分类。政府吸纳企业参与的原因一方面是降低成本，另一方面是希望企业能够提出具体、可操作的方案。与企业合作的主要街道政府，它们以购买服务方式引入企业提供分类收运服务；有些企业还可以开展面向居民的宣教动员，如一些企业安排保洁员指导居民分类投放，并且给准确投放的居民安排简单的奖励，培养居民形成习惯。

（二）社会治理思维和能力缺失

2012年以来，市政府针对垃圾分类的制度建设取得一系列重要成果，市政府在短时间内投入大量资金升级改造分类收运体系、建设分类处理设施，持续的社会动员营造了良好的全面参与氛围。但是，自2014年开始，垃圾分类工作稍显停滞甚至倒退，居民分类试点在此期间热度较低，一些开展试点的街道和社区重回原点。尽管广州在2017年以后重新发力，率先以地方立法的形式颁布《广州市生活垃圾分类管理条例》，全面强制推行垃圾分类，在2019年启动深化生活垃圾分类处理三年行动计划，垃圾分类的治理优先性重新提升，但一些多年来困扰和阻碍垃圾分类有效推进的问题依然存在。

一是现有的工程技术路线与垃圾分类的社会治理目标存在矛盾。市政府一直非常重视通过工程技术能力的提升来化解"垃圾围城"危机，并从2005年起就一直追求以焚烧为主的垃圾处理技术路线，通过建设大型垃圾焚烧厂、大规模焚烧处理来实现快速减量的目标。尽管在2012年以后，决策者越来越重视强调源头减量的垃圾分类，但以焚烧为主的技术路线一直都没有被放弃，甚至还不断得到强化。根据2012年制定的规划，广州要在2017年建成5座焚烧厂，大部分新增垃圾都进行焚烧处理。[①]

焚烧为主的工程技术路线与垃圾分类目标的主要矛盾如下：第一，焚烧路线侧重末端处理，与追求源头减量、前端干预的

---

① 数据来自城管委回复人大报告，由2016年6月8日对广州市人大代表的访谈获得。

垃圾分类在根本定位上存在矛盾。第二，既有的激励机制与垃圾分类目标直接抵触。垃圾焚烧发电可以获得国家可再生能源补贴，因此直观上看，进厂焚烧的垃圾总量越多，垃圾处理主管部门和企业利益越大；而垃圾分类追求的是源头减量，将带来可再生能源补贴直接减少，与既有的部门利益明显冲突。① 这种扭曲的激励结构及其造成的利益冲突导致相关部门没有足够的动力去推进垃圾分类。

除了技术路线的内生问题，分类处理设施的规划设计上的失误，导致能够有效支撑前端垃圾分类的末端设施，如餐厨垃圾处理厂和可再生资源回收设施的建设进度受阻。2012年以后，决策者开始重视生化处理厂和可再生资源回收厂的建设，将其跟垃圾焚烧设施捆绑规划和建设，但这导致分类处理设施很容易受到邻避抗议而"一停全停"。

广州垃圾处理设施建设因为社会抵制进度缓慢的问题直到2017年才开始得到缓解。2017年以来，早年间规划建造的处置设施陆续完工并投入使用。截至2021年6月，广州已建成4座生化处理设施，餐厨垃圾日收运处置量从2015年的200吨/日提升到4680吨/日，② 餐厨垃圾末端处理能力不足的问题得到极大缓解，面向居民推进分类工作的设施条件相比过去得到很大改善。

二是没摆脱运动式的工作动员方式，社会自我组织缺位。从2000年成为垃圾分类试点城市开始，主管部门和公众舆论都认识到垃圾分类不仅需要相关部门改变公共管理活动，更需要普通民众改变生活习惯。其中，后者更具挑战性，需要广泛而且持久的公众参与。这是一项复杂长期的治理变革，需要依赖

---

① 对广州市城管部门工作人员的访谈。访谈时间，2018年9月13日。
② 李佳文、苏昉：《广州生活垃圾处理能力将增加1.6万吨/日》，《新快报》2021年6月30日（ep. ycwb. com/epaper/xkb/html/2021 – 06/30/content_ 1511_ 400138. htm）。

耐心细致的社会工作，而目前垃圾分类工作没有摆脱自上而下的运动式突击运动，在工作推进中主要依靠行政命令，靠政府组织单干，对社会自我组织、自我管理调动不足。社会化问题应该通过社会化途径加以解决，要让数量庞大、利益高度多元的普通民众改变行为偏好，除了需要耐心的宣传和坚定的执法，更有效的方法是引导和协助群众建立长效的社区自组织，由社区成员进行面对面的自我管理和自我监督，减少官方的监管成本。事实上，广州和其他珠三角城市具有很多富有社区动员和公共服务经验的社会组织和社会企业，各级党政部门和基层自治组织可以与这些专业社会组织开展合作，有效地将居民组织起来，推动居民自我管理、相互监督。而且，在这方面，中国台北和上海都有比较成功的实践。

二　河涌治理

广州人口稠密、工业和制造业发达，水污染带来重要的环境治理挑战。水污染源主要是工业污水和生活污水。广州的工业水污染从20世纪60年代开始持续恶化，重工业和食品制药行业是主要的工业污染源。2005年以后，随着"退二进三"战略持续推进，重污染工业项目开始逐步迁出，中小企业（主要是制造业企业）成为主要工业污染源。此外，大量藏身于城中村的"小作坊"是监管体系最难应付的污染源，它们多数没有进行工商登记，违法偷排现象严重，监管难度大。生活污水是另外一个重要污染源，治理难度并不比工业污染小，主要原因是产生源头高度分散，所有居民都是污染的排放者，而且，污水和生活垃圾采集和处理设施发展滞后，给源头和末端治理带来较大难度。

广州地处珠江三角洲，河涌水系发达，由于历史上污水处理设施欠账严重，普遍存在生活污水和工业污水直排、生活垃圾直接倾倒等严重污染问题。广州的河涌治理是城市水污染治理的一部分，治理对象主要是城区内的小型河道和沟渠。广州中心城区河涌231条，目前列入国家监管平台的黑臭水体达147条，数量位于全国第二。

（一）工程治理模式遭遇挫折

市政府从20世纪90年代末开始加大投入河涌污染治理的公共资源。早期的治理完全遵循工程性思维，以水利部门牵头的截污工程建设为主。例如，2004—2005年，广州市财政投入将近77亿元建设截污和污水处理系统，整治16条严重污染河涌。同时，还加强以水务和环保部门为核心的监管执法队伍建设，强化针对企业的执法行动。但这个阶段的体系建设和能力建设并没有实现良好的治理效果。2006年广州主城区污水处理能力达到155.3吨/日，但日污水排放量超过300万吨，缺口依然很大。河涌黑臭情况没有得到整体改善，许多经过整治的河涌也没能恢复清澈或者摆脱劣Ⅴ类水质，人体还不能直接接触。

广州的河涌治理在亚运会前后出现过一次高潮。为了改善城市形象，市政府从2008—2010年投资486.15亿元大规模建设截污设施和污水处理设施，目标是在"亚运会开幕之前实现水环境的根本性好转，'纳入整治的河涌不黑不臭'"[①]。但是，这场资金投入巨大的运动式治理并没有取得长期显著效果。2012年，居民和媒体又开始频繁曝光河涌返黑返臭现象。根据2013年市环保局公布的河涌监测数据，广州市50条河涌，有39条

---

① 刘正旭：《亚运倒计时一百天，新快报推出〈铿锵五羊行〉》，《新快报》2010年8月4日，转引自新浪网（http://news.sina.com.cn/c/2010-08-04/033317908952s.shtml）。

河涌水质为劣Ⅴ类，水质达标（Ⅲ类水质）的仅有一条。①

（二）治理优先化的"河长制"

由于大规模的财政投入和加强基础能力建设都没有取得理想效果，市政府在2014年借鉴江浙地区水污染治理的经验建立河长制，希望通过政治责任制促进水污染治理，通过政治体系建设推动政府治理和社会治理。有一种观点认为，河长制是一种重要的制度创新，有助于克服水污染治理长期存在的行政碎片化（"九龙治水"）问题，用政治体系建设克服行政体系的内在弱点。但本质上，河长制是政治包干，是带有强烈运动色彩的治理方式，基本特征是通过将技术任务落实为政治责任，从而克服行政体系的低效，加快政策目标的实现。河长制的具体做法是将河涌治理责任层层分解，包干到各级党政领导干部个人身上，特别是重点整治河涌沿线的各级领导班子、职能部门领导干部甚至是基层街镇、村社干部等，总人数达上千人。但河长制在实施的前两年，并没有带来明显效果。2017年住建部巡视广东省黑臭河流治理，有35条黑臭河流被挂牌督办。②

出现这种结果的原因之一是，初期阶段没有对河长责任做出清晰界定，也没有刚性的问责目标和问责机制。但更根本性的原因是，早期的河长责任包干是一种高度封闭、碎片化的治理手段，与具有高度动态性、开放性和系统性的水污染治理存在根本矛盾。例如，某段河涌的污染源可能来自大量分散的社

---

① 《广州公布首批河涌水质达标率仅22%》，《南方周末》2013年6月14日（http://www.infzm.com/contents/91508）。
② 冯善书：《粤重点挂牌督办47个黑臭水体：要求5月22日前主动公开信息，确保2017年底前完成整治》，《南方日报》2017年5月17日（http://epaper.southcn.com/nfdaily/html/2017-05/17/content_7639126.htm）。

区居民、商铺、小企业，还可能来自上游，甚至是大气污染、土壤污染这样的"面源"，将这个河段的治污责任包干给个人，即使其行政层级再高、能力再强，也不可能应对如此复杂的治污任务。

（三）政府主导下的协同治理

在中央问责的压力下，广州开始反思原有的治理思路和方法，在继续推行并强化河长制的前提下，[1] 对制度本身和河涌污染治理整体方式进行了一系列重要改革。

第一，强化政治领导人的责任和领导力，市委书记是市级河长和最高责任人，以河长令形式部署具体的治理任务，加强了政治体系、行政体系自上而下的贯彻力度。

第二，建立强有力的行政体系协调机制，核心是2017年成立的市河长制办公室（下称市河长办）。市河长办设在市政府，由市政府分管秘书长（副局级）担任主任，直接目的是提高跨部门的协调水平。[2] 市河长办不仅是个跨部门决策机制，还是重要的执法机制。市河长办成立后，频繁组织市水务局、环保局、城管委、农业局等主要职能部门抽调人员，组成专项督察组，对全市重点难点地区开展水污染防治不定期督察，并将这种督察制度贯彻到区，各区河长办也建立类似的多部门联合督察制度。

第三，强化问责机制。具体做法包括：细化和公示各级河长任务目标，制定《广州市水环境治理责任追究工作意见》等

---

[1] 2016年底中央两办出台《关于全面推行河长制的意见》，提出有关河湖河长制全覆盖的要求。

[2] 课题组成员从长期关注河涌治理并且经常参加政府相关会议的访谈对象那里了解到，河长办成立之后，连区级河长办都能有效召集各部门会商，到会人员的职级比过去提高，会商比过去更能解决问题。

刚性问责制度，明确对执行不力的党政责任人进行公开处罚。2017年以来，已经出现多起基层河长履职不力被公开处分的案例。

第四，鼓励公众参与。公众参与的主要渠道是新建立的民间河长制度。河长办成立之初就明确号召"开门治水"，鼓励公众积极参与河涌治理，并且通过民间河长招募、培训和奖励制度，为广大市民开辟常态化、规范化的河涌治理参与渠道。除了民间河长制度，水务局还开发了河长App，让民间河长通过网络工具及时快捷地发现和举报非法排污口和污染现象，实现了污水治理的执法任务众包，减轻了官方监管成本，提高了执法效果。

在以上这些新措施的基础上，广州在2018年出台河涌治理三年攻坚行动计划，工程建设、政治动员、公众参与三管齐下，河涌治理在更加系统化的同时，形成了政府主导下的官民协同治理模式。在这种新的治理模式下，治理领导力空前强化，并通过制度化手段强化行政体系的内部协调和贯彻执行水平，开始主动动员和吸纳有组织的公众参与。

新一轮政治动员推动的行政动员和社会动员促成了广州自亚运会之后的第二次河涌污染治理高潮，并且转化为明显的治理实效。三年行动计划实施的第一年，在147条挂牌督办河涌中的35条基本消除黑臭、112条水质持续改善、流溪河23条支流消除劣Ⅴ类水质。2018年10月，广州被中央列为全国黑臭水体治理示范城市，治理努力和效果得到中央肯定，并得到中央专项配套资金。2020年上半年，广州9个国家考核断面全部稳定达标（从劣Ⅴ类水稳定达到Ⅳ类水）；列入国家监管平台的147条黑臭水体已全面消除黑臭；车陂涌、双岗涌、景泰涌整治入选全国治水典型案例；流溪河流域89条一级支流劣Ⅴ类数量由46条减少到20条，污染物氨氮排放总量削减了79%；全市污水处理能力达到766万吨/日,跃居全国第二。①

三 典型案例:车陂涌治理

车陂涌污染治理是广州河涌治理模式转型的成功案例,被选中向全国推荐。车陂涌污染治理的特色体现在高水平的民间自发参与和自我组织,以及非常积极、富有建设性的官民互动和多元主体协同共治。

(一)社区抵制与工程治理失灵

车陂涌因经过车陂村流入珠江而得名,这条河涌水质恶化始于20世纪60年代广州氮肥厂的投产。改革开放以后,随着沿岸人口激增、本地制造业兴起,由于基础设施配套和政府环保监管能力不足,车陂涌污染进一步恶化,到21世纪初成为长年黑臭的严重污染河涌。在2010年亚运河涌治理运动中,车陂涌被确定为广州重点整治的河涌。但七年后,在2017年广州市治水办公布的35条黑臭河涌污染量化排名中,车陂涌仍然排名第一。②

2010年亚运期间,广州政府曾经推进"三涌补水"工程,即从珠江抽水补给沙河、车陂和猎德三条河涌。然而,由于污

---

① 《广州市第二届民间河长论坛聚焦治水新任务:多把目光放岸上,与民间力量同行》,《广州治水投诉》(微信公众号),2020年9月16日,https://mp.weixin.qq.com/s?subscene=17&__biz=MzIzNDk1Njk3Mw==&mid=2247485958&idx=1&sn=96e4b0df263bff8418033426e69f47a8&chksm=e8ef3bc4df98b2d2c5fea4bd6b55101cb0d50f62b6168f3c1c29295b7b25fe86f1b3161b7fa9&scene=7&ascene=65&devicetype=android-29&version=27001339&nettype=WIFI&abtest_cookie=AAACAA%3D%3D&lang=zh_CN&exportkey=AlWLrdiMo93VKflFJFNrrHw%3D&pass_ticket=HX8r5o9jcrqgXmf5Wqc%2FQLa6o4QwrL81Gu7kD6eMqUbciiBenoDgnU%2F4uLMrs%2Bz&wx_header=1。

② 刘怀宇:《广州35条河涌污染"贡献"排名来了,棠下涌水质改善》,《南方日报》2017年5月17日(http://static.nfapp.southcn.com/content/201705/17/c428380.html)。

染过于严重，截污系统不完善，这个投资超过6600万元、每年维护费用达800万元的项目没能明显改善车陂涌的水质。

车陂涌治污的关键是铺设截污管道，但这项工程因为当地村民的强烈反对而停滞多年。村民认为修截污管道会破坏房屋，损害他们的经济利益，官方的补偿方案无法满足村民复杂的要求。这充分证明，河涌治理不仅是工程技术问题，更是典型的社会治理问题。车陂涌沿岸居民是生活污水和垃圾污染的制造者，是水污染的直接受害者，还是治污工程项目顺利落地执行的利益相关方。如何唤起居民的环保意识和参与意识，共同维护当地水环境，对于车陂涌污染治理来说，甚至比工程建设更加重要，也比工程建设更具挑战性。

（二）引入社会组织协同共治

相关部门在同村民协商截污工程经济补偿方案的过程中，主动引入了专业的环保民间组织——新生活环保促进会（GEP）参与车陂涌治理，希望GEP能够发动当地村民长期参与河涌环境治理。GEP前身是一个由热心市民自发组成的关注本地水污染的志愿者队伍，从2013年开始坚持组织和培训民间志愿者开展"巡河"，带领公众进行实地生态体验，培训民间志愿者开展水质监测，并且向政府举报非法排污行为。GEP的骨干成员有意识地自我学习让其专业性不断提高，并且通过媒体发声、提交建议信、参加立法公众咨询等方式开展政策倡导，向有关部门提出各种合理化建议，逐渐形成影响力，逐步赢得相关部门的信任。2016年以后，GEP越来越频繁地受区级水务部门邀请参加河涌治理相关的决策会议，同主管部门的合作越来越紧密。

但进入车陂涌对于GEP来说也是一次挑战，因为GEP此前的主要工作是面向普通公众开展环保教育和直接与行政部门互动，从来没有直接进入社区开展工作，缺乏社区动员的经验和专业人才。但 GEP 还是充分利用自己有效联结民间组织和职能部门的独特优势，成功促成外部公共资源进入车陂村，并且成功撬动本地的民间自组织发展成为动员社区参与河涌治理的骨干力量。

GEP 首先成功调动车陂村本土社会的凝聚力和组织资源，孵化出社区治水自组织，成为动员本地居民长期参与河涌治理的重要力量。车陂村有深厚的宗族和龙舟文化传统，在传统农业社会已经瓦解的情况下，依然保持着较强的社区凝聚力。在当地，民间组织车陂龙舟文化促进会在社区甚至天河区都有较强的影响力。更重要的是，龙舟文化还被经营成了文化旅游品牌，给当地居民带来了经济利益。GEP 将河涌水质提升与龙舟文化活动和提升游客吸引力关联起来，成功说服龙舟文化促进会支持和参与河涌污染治理，使其成为社区动员的关键力量。为了提高村民的自我组织能力，同时弥补自身社区动员经验不足的弱点，GEP 邀请了广州最早成立的沿河社区巡河志愿者组织"乐行驷马涌"来传授经验，GEP 自己则为志愿者提供专业的环保监测技能培训。在"乐行驷马涌"和 GEP 的共同努力下，车陂村在不到一年时间组织起十余支巡河志愿者队伍，与治水部门的关系也从过去的排斥对抗变为主动配合，使当地具备了常态化、社会化的污染治理体系。[①]

（三）两个环境治理领域比较

垃圾分类和河涌治理都是典型的城市污染问题，都涉及广泛的公众利益，引发广泛的社会参与，触动大范围、多层次的国家社会互动。在治理思路和治理方式上，两个领域较为接近。

一是相关部门在初期都遵循典型的工程治理模式，由技术

---

① 2020 年 7 月 3 日、16 日对 GEP 工作人员的访谈。

专家主导，将大量资源投入工程技术上。但工程技术没有很好地解决问题，而是制造了新的社会问题、公共问题，如缺乏透明度和参与性的垃圾处理设施选址引发公众抗争和质疑，封闭且不合理的污水处理工程加剧而不是缓解河涌污染问题，甚至产生了过去没有的内涝问题等，加剧了沿岸居民的不满。①

二是依靠专业行政体系，以正式法律法规、政府监管作为主要治理手段。两个领域都由专业化水平较高的行政部门主导，都配备有规模较大的专职人员队伍和技术装备，并且都制定了比较完善的法律法规和配套政策。而且两个领域的行政体系和法治体系建设在国内城市中都处于领先水平。例如，广州是最早针对垃圾分类开展立法的国内城市，最早开始依法进行强制垃圾分类，最早出台分类工作流程和低值可回收物补贴制度。针对河涌治理，广州的财政投入和工程施工量不仅规模大，而且具有很强的连贯性。广州的河长制在细化程度和执行刚度上也在国内城市中处于领先水平。

但两个环境治理领域也存在明显差异，除了具体的技术性差异之外，最重要的差异体现在治理思路和整体治理方式变化走向的反差上。

一是治理思路走向不同。垃圾分类原本的是强化技术行政体系建设，不断增强决策和执行的科学化、法治化以及公众参与。但是2015年以后以固废办为核心的跨部门协调机制衰落，行政管理碎片化重新抬头，而且社会参与逐渐失去了动力，不仅社区自组织迟迟没有发展起来，具有较强专业能力和参与热情的企业和社会组织还逐渐减少。2017年以来尽管广州在垃圾分类立法上依然处于国内领先地位，但垃圾分类整体上朝着强化政治体系建设，强化政治领导力的方向发展，社会动员也从

---

① 2020年7月3日对GEP工作人员的访谈。

过去鼓励民间社会组织朝向强调党政引领的国家统合主义的动员模式发展。相反，河涌污染治理是从早期的封闭式、碎片化的技术官僚治理和工程技术治理，朝着党政体系内部协调性不断强化、规范化的方向发展。而且自 2016 年以来，水污染主管部门对公众参与的态度越来越开放，公众参与的制度化水平越来越高，河涌治理整体的开放程度越来越高。

二是党政体系介入和社会动员参与程度不同。为了提升自身治理能力不足以及应对治理对象性质差异带来的挑战，广州政府在两个领域都选择了强化政治领导和政治责任制，以及动员公众参与、培养社会自治体系这两种应对办法。但相对而言，垃圾分类领域的政治介入力度和刚度要明显弱于河涌治理，社会动员和自治体系建设也落后于河涌治理。例如，河涌治理建立了以河长制为核心的政治责任制，明确了各级政府责任人，并且建立了处罚机制。垃圾分类尽管也建立了责任制，但处罚严厉程度和执行力度不如河涌治理。河涌治理出现的民间河长制推动了有效的公众参与，不仅能够协助政府化解官民冲突，还能够协助政府监管。而垃圾分类至今没能涌现有能力、有影响力的社会组织，政府主办的志愿者组织难以有效进入社区，对垃圾分类的落地推行没能起到明显的推动作用。

四　小结

"垃圾围城"和黑臭水体是困扰广州多年并且承受巨大政治压力的城市环境污染"老大难"问题，两个污染治理领域都经历了从单纯的工程技术治理思路向综合性的社会治理思路转变的趋势。广州市政府从 2012 年以后都在这两个领域大力加强跨部门协调机制建设、强化政治责任制、完善成文法律法规、积极动员社会参与，形成了"行政+法治+社会参与"的复合型社会治理模式。但两个领域治理模式演变的具体路径和治理效果还是存在一定的差异。相对而言，垃圾分类领域更注重基于成文法律法规的法治体系和能力的建设，而河涌治理更突出政治体系和政治能力打造以及政治引领下的社会参与。从过去五年的效果来看，河涌治理比垃圾治理更成功。河涌黑臭问题在2015年以前投入几百亿资金却依然被中央点名督办，但过去三四年有了明显起色，并在2020年基本实现政府制定的黑臭水体消除目标。而推进了将近二十年的垃圾分类，2012年前后制订的2015年计划达到的几个关键分类处理指标，直到2020年才基本实现。至于社区层面居民分类投放行为的改变，经过了二十年的反复努力也没有取得明显成功，连一些多年来的样板社区居民的分类投放习惯也没能养成。

之所以出现这样的治理资源投入、能力建设与治理效果的反差，当然需要考虑污染性质的差异。与河涌污染相比，生活垃圾排放者是全体市民，范围更大，被监管对象更多更散，执法成本更高，针对黑臭水体奏效的方法用到垃圾分类上未必能达到相同的效果。

另外，此处评价的只是短期内的治理效果，环境污染的改善以及企业和市民行为的改变都是长期过程。即便广州的河涌治理在短期内取得了一定的成效，但污染是否还会像十年前那样反复，仍需要长期观察。毕竟，跟面向工业企业点源污染的传统环境治理相比，城市河涌治理面对的是散布式的面源污染，再加上广州河网水体广布、人口稠密，污染情况更加复杂，不仅对政府的技术行政能力提出了要求更高，对政府的社会综合治理能力也带来了更大的挑战。随着广州城市化进程的持续推进、人口持续攀升，河涌治理的效果还需要更长时间来加以检验。

第五章　人口融合：服务型政府与"政社协同"

人口城市融合（下称人口融合）从21世纪初开始逐渐发展成为独立的公共治理领域，其关涉打破城乡二元结构、释放经济良性运行的深层次动力和促进社会可持续发展等根本性问题。自从党的十八大以来，国家对人口融合给予越来越多重视。城市融合是市域社会治理的重要议题，在中央的相关工作部署中，将其作为需要重点突破和聚焦解决的突出问题。从城市治理角度看，促进人口融合关乎广州深度发展和可持续发展的综合竞争力。目前广州已经形成较为清晰的政策目标，即促进外来务工人员的市民化，让他们在城市中享受平等的公共服务，拥有公平的劳动就业、政治参与机会，在心理认同和生活方式上真正融入城市。

一　外来人口的治理变迁：理念、体系和能力

外来人口融合从传统的流动人口管理发展而来，需要结合相对宏观的流动人口管理历程回顾和分析。广州是中国最大的流动人口输入城市之一，较早开始将外来人口纳入公共治理范畴，在治理体系和治理能力建设等方面进行了积极探索。广州外来人口融合发展反映了国家对流动人口的政策变迁，也体现

了地方治理的探索和实践轨迹。根据治理目标、治理手段和治理体系三个要素的变化，广州外来人口治理大致经历了三个发展阶段①，每个阶段都独具特色。

（一）改革开放前二十年限制管控阶段

1984—2003 年是广州外来人口管理的起步阶段，虽然时间跨度将近二十年，但整体治理思路是连贯的。政府基于当时以加工贸易为主的经济发展模式，将外来人口视作"劳动力"资源。但由于城市公共服务资源有限，大量外来务工者对地方人口管理和公共服务能力提出挑战，政府通过暂住证制度对其进行限制，实行与本地人口相对分割式治理。在制度上相对忽视其基本权利，并主要依托公安系统、基层治安管理体系和暂住证体系进行强制性、限制性的管控。

20 世纪 80 年代初，国家开始放松人口流动管制，允许农民进入城市务工，"流动人口"和"农民工"进入城市管理视野。珠三角地区由于工业化和乡镇企业发展率先起步，对农村劳动力具有强烈需求，是外来务工人员的重要输入地，成为流动人口治理最早发展起来的地区。但由于治理能力有限，大规模涌入的农民工引发了大量社会问题，城市通过一系列严厉的制度和政策对其进行强制性管控，在相当长一段时间，强制性措施是管控甚至驱逐农民工的重要手段，其主要的制度基础是国家的强制收容制度和地方暂住证制度。

广州是外来务工人员的重要输入地，遵循自上而下推行的限制性的管控模式，至迟在 1998 年还以立法形式强化以暂住证为核心的流动人口管控模式。当时管理外来人口的行政体系以

---

① 第一个阶段主要指 1984—2003 年，第二个阶段是 2003—2014 年，第三个阶段是 2014 年至今。第一个阶段转向第二个阶段的标志性事件是《收容管理条例》废止；第三个阶段开始的标志性事件是广州市来穗人员服务管理局设立。

地方公安部门为主，由于组织建设、财政投入和专业能力不足，专职管理力量人手不够，出现大量的治理真空和能力赤字，许多流动人口管控职责被归口到基层政府，特别是外来务工人员聚集的街镇政府。一些基层部门组成治安队执行暂住证制度，由于缺乏制度约束和基本权利义务界定，外来务工人员整体受到制度性歧视，基本权利时常被侵害，随意抓扣、驱逐、收容等事件屡屡发生。

同时，由于财政能力、行政协调能力和社会渗透能力不足，面对规模不断扩大、流动性极强的外来人口，仅仅依靠强制管控能力的增长，没有带来良性发展趋势。进入20世纪90年代以后，从内陆农村涌向沿海城市的"民工潮"有增无减，外来人口持续快速增长，治理能力和原有治理思路同现实治理问题的脱节越来越严重，外来人口聚居的社区公共设施极度缺乏，治安差、犯罪率高现象严重。由于被制度化隔离、收入水平低下，没有长期居留权和经济能力的外来务工人员主要聚居在城中村。

（二）21世纪初开始的融入式管理阶段

2003—2013年，国家对"流动人口"或者"农民工"的认知和治理思路开始发生变化，从中央到地方对外来务工人员的整体看法和治理理念开始变得积极，外来务工人员的基本公民权利以及在城市定居和融入的需求开始被正视，外来人口治理发展为融入式管理阶段。出现这种转变的主要原因一方面是沿海发达地区对劳动力的需求越来越大，需要让农村进城务工人员相对安定、稳定地定居下来；另一方面，改革开放前二十年粗放的治理模式下输入地巨大的治安和公共管理问题直接影响到社会秩序甚至投资环境，这给了地方治理者相当大的动力投入更多公共资源，建立专门管理体系。

治理理念的变化很快转化为新的制度安排。在国家层面，强制收容制度在 2003 年被废止，地方上以暂住证为核心的外来人口管控强制性减弱，虽然传统的强制管控体系和管控能力建设仍然在强化，但融入公共服务的外来人口管理制度、主动回应外来务工人员社会需求的"软性"治理能力也在沿海地区发展起来。广州的外来人口管理压力巨大，但这也为地方治理者主动创新提供了实践基础，产生了几项具有全国影响力的制度，体现出外来人口治理从重管控向"服务＋管理"方向发展，外来务工人员的"城市融入"也开始以制度化形式出现在地方治理中。其中，出租屋管理、农民工城市融入"金雁工程"和积分入户成为制度亮点，强制管控能力持续提升。

1. 出租屋管理制度：通过服务促进管理

在广州各区中，番禺区的外来人口管理压力较大，但转型动作最快。2001 年，番禺建立了出租屋管理专职队伍，主城区从 2004 年才开始建立类似的专职队伍和专门制度体系。建立出租屋管理体系的目的是规范消防、卫生和治安等问题，为外来人口营造更为舒适、安全的居住环境，以出租屋管理带动流动人口管理，并在此基础上向外来人口提供系统的公共服务，促进更加规范的外来人口管理。典型面向外来人口的公共服务涉及计生、劳工维权、岗位培训和就业介绍等。2005 年广州外来人口服务管理体系建设进一步加速，市政府颁布了 20 余份出租屋管理相关文件，明确了管理权力、义务和责任，以制度化安排承认了外来人口的合法权益，让广州外来人口治理体系更加完善。[①]

2. "金雁工程"：农民工城市融入的首创

2005 年，广州正式启动"金雁工程"并在全市推行，这是

[①] 广东省人大常委会调研组：《番禺区外来人口的城市化与本土化》，载《城镇化进程中珠三角"村改居"治理体系及路径选择专题调研报告》，2014 年，第 241—242 页。

国内第一个明确以促进农民工融入城市为目标的公共服务项目，通过在农民工聚居社区建立专门的公共服务中心，向农民工提供居住、就业、维权、技能培训、文娱生活、医疗保健、教育等综合性公共服务，促进农民工融入城市生活。2012年以后，"金雁工程"同当时新兴的家庭综合服务中心体系结合，在全市农民工聚居社区建立起面向农民工的专业社工服务机构，农民工城市融入项目在组织和实操层面越来越专业。

3. 积分入户制度：政府扩展治理责任

2010年，广州建立外来务工人员积分入户制度，是与外来人口融入相关的最重要制度之一。积分入户制度意在引导和鼓励外来务工人员及其随迁家庭成员通过量化的指标获得城市户籍，变成城市"市民"。尽管对于积分入户制度能否真正促进公共服务均等化、能否改善户籍制度造成的城乡隔离等问题仍然存在争议，但它的建立意味着城市开始明确承担向非户籍人口提供公共服务均等化供给的责任，打开了长期以来对外来务工人员进行制度性隔离的缺口，让已经"事实融入"的外来务工人员有机会进一步"制度融入"城市，为更深程度的社会融合提供了机会空间。

4. 强制管控能力持续提升

政府重视为外来人口提供公共服务，但并未放松对其进行强制管理。事实上，同期政府的强制管控能力也持续、快速提升，其中最有代表性的是延伸到街镇、村社的出租屋管理和综治信访维稳体系。经过十多年的发展，广州的出租屋管理体系覆盖了全部173个街镇。而广东省直接推动建立的街镇综治信访维稳中心（站）体系从2009年开始铺开，当年底就覆盖全省1600个街镇，招聘了1.3万名综治维稳工作人员。管控能力的增强反映到治安数据变化上，在较早建立专职出租屋管理队伍的番禺区，发生在出租屋的刑事案件和治安案件数量从2003年的 3380 宗，减少到 2013 年的 687 宗，下降了近 80%。[①]

治理能力的增强还转化为大规模外来人员群体性事件的减少。因为劳资、工伤纠纷以及生产管理执法引起的农民工群体性事件从 2011 年开始快速增长。据不完全统计，2011—2014 年，广州超过百人规模的劳工群体性事件将近 90 起，其中千人规模的集体行动近 50 起。市政府从 2015 年开始加强清理整顿非法"劳工组织"，对违规违法的组织给予行政处罚甚至取缔，对其负责人给予行政甚至刑事处罚。随着对劳工组织的管控收紧，大规模劳工群体性事件开始减少。

（三）来穗局设立后的全方位融合阶段

2014 年广州市来穗人员服务管理局（市来穗局）建立，标志着广州外来人口治理进入全方位融合发展阶段。此阶段的新特点在于：一是行政体系进一步优化。市来穗局是广州市为外来人口管理设置的专职行政机构，整合了分散在公安、国土资源、教育、计生、劳动等部门的相关职能，重点承担积分入户、教育和医疗等服务管理职能。市来穗局成立后，广州外来人口治理形成了公安部门负责治安管理、来穗部门负责服务管理的新结构。二是治理定位更加清晰。来穗局的名称和职责将服务放在优先于管理的位置，体现出治理理念的深刻转变，外来务工人员转变为新型城市化的吸纳对象、"新市民"，成为城市公共服务的共享群体。三是融入目标更加全面。设立来穗局后，提出外来人口治理的全方位融合行动计划。在全国率先探索外来人口全方位融合，不仅进一步拓展传统的经济融合和福利（社会）融合范围，还第一次明确提出政治融合目标。2016 年 1

[①] 广东省人大常委会调研组：《番禺区外来人口的城市化与本土化》，载《城镇化进程中珠三角"村改居"治理体系及路径选择专题调研报告》，2014 年，第 243 页。

月市政府发布的《广州市来穗人员融合行动计划（2016—2020)》（下称《融合行动计划》）指出，广州计划用5年时间，稳步有序地全面推动来穗人员在人文关怀、思想认同、心理悦纳、政治参与、乐业奉献等领域的全方位社会融合，通过设置开展全方位的专业化、个性化、优质化融合项目培训，加快推进来穗人员在文化、经济、政治、生活等领域全方位融入广州社会，努力实现广大来穗人员"上岗有培训、劳动有合同、子女有教育、生活有改善、政治有参与、维权有渠道、生活有尊严"。四是融合治理主体的变化，特别是政治融合目标的提出使外来人口从治理对象获得成为治理主体的机会。《融合行动计划》明确提出推进外来人口"政治有参与"，这是外来人口治理的重要创新，意味着外来人口的公共参与权利得到了初步制度确认。

同期，广州外来人口治理的法治体系建设也达到全新高度，修订《广州市房屋租赁管理条例》、颁布实施《广州市来穗人员积分制服务管理规定（试行)》和《广州市流动人口居住登记和居住证办理指引（试行)》，提高了外来人口融合治理的制度化水平，使公共治理变得更科学、更规范。

二 政府治理能力的局限与社会组织参与

（一）政府治理能力存在明显局限

从限制性管控到全面融合，广州外来人口治理在过去四十年间从理念到具体制度建设都发生了深刻改变，某些方面的治理能力取得了长足进步，但整体治理效果仍然有限。最关键的问题是，城市政府（特别是市级层面）的治理意愿和能力都存在明显不足，在促进外来人口经济、社会和政治权利均等化方面的资源投入动力不足，难以实现上级和自身设定的外来人口融合目标。

第一，从资源投入上看，广州与绝大多数外来人口输入地城市政府类似，长期以来缺乏足够动力大规模投入本级财政资源去进行管理的意愿，更不用说为非户籍人口提供基本公共服务。

第二，尽管过去四十年间广州外来人口治理体系细化程度越来越高、治理内容越来越广泛，治理能力持续增长，但外来人口的增长速度更快、绝对数量庞大、治理内容复杂，治理能力跟不上实际需求的情况多见，治理能力赤字巨大。以外来人口治安管理为例，全市街镇和社区综治维稳站点2850个，街镇和社区居委工作人员大约21万，即便加上3万名网格员，面对超过2000万的流动人口，[①]依然存在巨大的能力缺口。严重的治理资源和治理能力缺失，导致外来人口治理领域出现真空地带，如大量外来人口聚居的城中村因为公权力渗透不足，成为犯罪率最高的城市空间，也成为许多非法"黑作坊""黑工厂"聚集区域。

第三，社会渗透能力和再分配能力不足，无法快速回应社会需求。例如，近年在外来人口聚居社区大力推进"网格化管理"，在综治维稳体系基础上叠加搭建细密的网格员组织，但无论是提供公共服务还是开展"维稳"等工作，相关部门都缺少同外来务工人员进行有效、广泛接触的组织手段和制度机制，特别是缺乏有效渗透外来务工人员自我组织网络的有效手段。其中的原因，可能包括以下两个方面：一是外来务工人员的自组织普遍基于传统的乡缘、亲缘网络，对正式组织的依赖程度

---

① 根据2020年全国第七次人口普查的数据，2020年底广州"非户籍常住人口"超过937万。但根据2019年课题组调研了解到的情况，广州市外来人口所占的比例比官方统计的要高很多。例如，某城区"有一年工作生活轨迹"的人口在2020年上半年能达到1370万左右，许多街镇、社区人口倒挂现象普遍。

较低，公共性和透明度不高，公权力难以有效渗透；二是外来务工人员的自生社会网络体系往往同所从事的行业密切结合，如湖北天门人聚集在布匹行业、湖北洪湖人聚集在印刷行业、河南周口人聚集在出租车行业等，他们的自组织往往成为封闭性、动员性较强的多重社会组织网络，而随着近年来网络社交媒体迅速普及，这些较为复杂的网络还移植到虚拟空间，进一步增加了监控和介入难度。

另外，广州促进外来人口融入城市社会和政治生活的软性能力要弱于强制管控的硬性能力。在软性促进社会融入和政治融入领域，制度体系的建设力度、完备程度和治理能力都不如传统的强制管控。最明显的例证是，涉及城市融入的正规制度数量远少于与强制管控有关的制度。在社会融入领域，相对正规的制度目前只有积分入户制度，更加综合的《广州市来穗人员积分制服务管理规定》尚处于试行阶段。对于促进外来务工人员政治参与，正式的全市统一制度空白，只有一些试验性的协商议事制度在街镇、村社一级运用，没有形成高层次、正规的外来务工人员政治参与制度。

第四，调适创新能力不足。政府软性治理能力不足，可以从深层次归因于管理部门面对变化的适应和创新能力不足。传统的管理倾向于将外来人口视为一个整体，认为他们的教育、收入水平和劳动技能低下，利益诉求一体化、很模糊，大体追求获得更多的经济机会和医疗、义务教育等基本公共服务。但实际上，外来务工人员群体内部具有高度多样性，这在以"80后""90后"为代表的新生代外来务工人员中体现得更为明显。目前新生代成员已占外来务工人员总数一半以上，他们的教育水平更高，从事行业更加多元，[1] 而且大部分在城市长大，脱离

---

[1] 国家统计局：《农民工监测调查报告》，2015—2019年。来源：国家统计局官网。

农村生活，没有农村认同，比父辈有更强烈的融入城市社会的心理需求甚至政治需求。自上而下推动的城市融入政策尚未能有效回应上述变化趋势，对不同年龄、性别、行业的复杂需求，特别是类似身份认同和社会参与等"后物质化"需求的回应不够灵敏。一般来讲，相关部门对在大企业工作的外来务工人员维权诉求和维权性参与的回应能力较强，可以通过工会和其他统合型组织体系对其进行引导和吸纳，在降低这类参与的对抗性的同时，更加正面地回应提高薪资待遇、改善劳动条件的需求。但对于大量非正式雇佣外来务工人员的维权诉求以及新生代外来务工人员主动参与人居环境、生活空间、环境卫生等诸多公共治理议题的诉求，官方回应和针对性的制度建设（如"金雁工程"催生的一系列社区服务中心）主要还是提供服务，将外来务工人员作为服务供给的对象，没有正视和充分调动他们的参与意识和主体性，让他们有效参与的制度化渠道非常有限。

虽然广州在建立专门的外来务工人员城市融入服务和管理机构方面具有首创性成果，如"金雁工程"及其社工组织体系的设立、以来穗局为核心的专职管理体系和全面融合计划的实施。但落实到经济、社会和公众参与融合的具体方面，在制度和政策设计中，珠三角其他城市的步子迈得并不比广州小，在某些方面走得更早、更远。中山是较早开始实行积分入户制度的城市，外来务工人员积分入户的规模比广州大；佛山推进外来人口积分入户的规模大、速度高，南海、顺德的外来务工人员代表参与基层议事的制度化进程比广州领先；东莞在专职外来人员服务管理机构建设、外来务工人员政治参与制度化方面也走在广州前面。

总体来看，政府主导地位和能力是具有绝对优势的，但是面对外来人口管理这种涉及面广、工作内容高度复杂的治理问题，党政体系单干包揽、通过行政力量的扩张不能总是取得理想效果。广州意识到官方治理的局限性，近年来积极支持和推动社会力量参与，特别是社会组织参与城市融合。值得注意的是，相关部门支持社会力量参与人口融合，不仅是为了分解压力而开放治理空间，也有来自社会力量积极努力、发挥影响力的因素。

（二）社会组织参与外来人口治理

政府公共治理能力不足，为社会力量参与带来机会空间。广州外来人口融合的重要治理特点之一是社会组织积极参与，而且参与范围和深度都达到较高水平，甚至能够有意识地影响决策、提供制度化的问题解决方案。社会组织参与并影响外来人口治理离不开政府的支持和推动，但社会组织自身有意识的能力建设和主动创新也是重要原因。

外来人口管理部门有意识地引入专业化社会组织参与治理大致始于2012年，初期主要是支持社会组织在外来人口聚集的街镇开展外来务工人员社会和政治融入的介入性研究和专项公共服务。2016年颁布的《融合行动规划》明确提出要建立"城区＋街道＋社区＋社会组织"的"1＋3"联动模式，为社会组织参与城市融合提供了直接的制度支持，该计划引入专业社会力量创建社区融合试点项目，将社会组织作为城市融合工作的重要参与方和实施主体，此后越来越多的社会组织开始同各级政府开展合作，参与外来人口融合治理。

1. 社会组织发展的基本情况

2012年前后，广州的社会组织将外来务工人员作为专门的工作对象与一系列规模较大的农民工群体性事件有关，如增城狮岭大规模群体性事件等。2014年，一个关注异地务工人员服务组织的研究团队在广州对80个机构开展调研，在这些面向农民工开展社会服务的机构中，社会组织不到30家，其中还有多家没有注册；在正式注册的机构当中，明确将外来务工人员作为工作对象的社会组织不超过4家。[①]但是，在相关部门和社会组织的共同努力下，外来务工人员治理问题的尖锐性下降，常态化、专业化治理水平提升。在这个背景下，将服务外来务工人员纳入日常工作内容的社会组织持续增加。

根据工作内容和任务定位的不同特点，广州介入外来务工人员议题的社会组织大致分为四类。第一类是支持型机构，主要是基金会和一些注重组织孵化的枢纽型社会组织。在全国范围，还没有专门针对农民工议题的基金会，但很多关注农村问题、社区发展、劳工、教育等其他公共议题的基金会涉及农民工项目。广州资助农民工项目的基金会包括绿芽基金会、千禾社区基金会以及春桃慈善基金会等。除了基金会外，关注农民工议题的支持型组织还包括工、青、妇等群团组织，以及青年社会组织联合会、社工联和义工联等官方社会组织。这些官方组织会孵化专门服务农民工的社会组织（如团委孵化的金雁服务队）和农民工志愿者队伍。

第二类是社会工作组织（下称社工组织）。社工组织参与城市治理是广州的重要特色，这也是广州本土参与外来人口融合议题规模最大的一类社会组织。广州市目前有416家社工组织，在外来务工人员聚集的白云区、番禺区和海珠区，大多在城中村开展服务的社工组织都将外来务工人员服务纳入工作内容。社工组织普遍专业化水平高，活跃的社工组织大多数具有高校背景、由高校社工或者社会学专业学者创办，骨干工作人员是社工或者社会学专业学生，注重理论研究与行动的紧密结合。还有一部分参与外来人口治理的社工组织属于市供销社系统，

---

① 吴治平、万向东等：《广州市异地务工人员服务体系建设调查报告》，2014年。

由于供销社长期关注城乡协同发展,该体系的社工组织在工作对象、工作经验和资源动员上具有独特优势。在外来务工人员领域比较有代表性的社工组织有优势力社会工作发展中心、广天公益服务中心、恒福社会工作服务社等。

第三类是完全以外来务工人员作为工作对象的民间社会组织。这类组织的工作方法和工作内容与社工组织有重合之处,比如也会采用社工的方法为外来务工人员的子女、妇女、老人和残障群体提供公共服务,为年轻外来务工人员提供教育和就业培训。但这类组织更有特色的工作内容是为外来务工人员提供工作场域的社会心理支持和维权服务,以及培育外来务工人员自组织和自治能力。这类组织代表是法泽城市与公益研究中心(现更名为法泽社会工作服务中心)、绿石头社区公益服务中心和映诺公益服务促进会等。

第四类是外来务工人员自发建立的社会组织。这类组织又可以分为精英型组织和草根型组织两类。前者的代表是以企业主为骨干的行会、商会,它们多数经过正式注册。后一类组织主要是普通外来务工人员或者个体业主基于乡缘和行业网络建立的自组织,如三元里的荆楚印刷工党支部(现为松柏岗流动人员党支部)、海珠区幸福平安凤阳联谊会和白云区的广东苗乡亲友联谊会等。

以上这些社会组织都积极参与推动外来务工人员在经济、社会乃至政治上融入城市。相对而言,前三类组织在专业能力、公共部门信任等方面更具优势,是自上而下推动外来务工人员融入城市的骨干,第四类组织往往是前三类组织的工作对象和合作伙伴。

2. 社会组织的主要工作方法

虽然以外来务工人员城市融合作为工作内容的社会组织很多,背景存在明显差异,但总体而言,经过过去七八年的探索,诸多组织殊途同归，形成了大致接近的工作方法。

第一种工作方法是以服务促进参与，可以定义为"服务驱动"模式唤起外来务工人员的公共意识，并培养他们的参与能力。典型做法分为以下步骤：第一步是调查外来务工人员在日常生活工作中有哪些基本关切，往往较为普遍的关切集中在子女教育、就业和创业等方面；第二步将这些关切提炼转化成公共服务项目，免费将这些项目向外来务工人员开放，将外来务工人员带入更具公共性的社会关系网络和场域；第三步是在服务过程中发掘和培养服务对象中的积极分子，将其发展成项目志愿者甚至工作人员，将原来的被帮助者、获利者变成助人者、利他者；第四步是鼓励和支持这些骨干积极分子开展面向工友的公共服务项目或者支持这些积极分子建立其他类型的自组织。

课题组访谈的四个开展外来务工人员服务的社会组织，有三个都开展了儿童早教项目，打工妈妈成为这些组织发掘动员骨干志愿者的重点群体，而且每个组织都取得了不同程度的成功。最成功的案例是一位曾经作为服务对象的打工妈妈成为了志愿者，后来受社会组织资助参加专业早教培训，最后独立推出自己的早教社会企业，开始面向工友提供公益服务。另外一类典型案例是通过服务项目发掘骨干志愿者，成为其他志愿者组织的积极分子，甚至组建新的社会组织。

第二种普遍方法是鼓励外来务工人员就近参与，特别是参与自己居住社区的公共事务。外来务工人员没有城市户籍，难以参与工作城市的公共空间和公共资源分配决策过程。城市各种公共政策调整，如就业、教育、环境提升和污染治理等，虽然会对外来人口带来影响，但他们却对此没有发言权。社会组织克服这个障碍的办法是推动外来务工人员就近参与工作和生活场域的公共事务，参与掌控与工作生活相关的公共空间和公共资源分配。如社会组织动员外来务工人员参与工会、妇联等群团组织，鼓励他们参与各种公共服务和职业培训、参与街道社区组织的志愿者组织和公益活动。

第三种重要的做法是组织替代。大量外来务工人员通过亲缘和乡缘网络进入城市，这些传统组织网络能够为外来务工人员提供就业机会、公共服务甚至安全庇护，但这种传统社会关系也会导致人身依附，强化外来务工人员同城市公共资源和公共制度的隔绝，甚至形成对抗性行动的动员结构，激发族群、劳资和官民冲突。社会组织促进城市融入的普遍策略是培育具有"现代性"的外来务工人员自组织，替代封闭的传统自组织网络，促进外来务工人员融入城市公共生活。社会组织提供的具体组织替代方案多种多样，比如各种兴趣小组、互助小组、志愿者组织等，也包括外来务工人员党支部。但不论具体实现形式如何，都服务于一个重要的目标，那就是用具有公共性、开放性的现代组织结构替代原本封闭、强调人身依附的乡缘和亲缘组织网络，让外来务工人员在新的组织生活中获得独立，更加具有公共意识和公民属性。实践中，外来务工人员党支部等组织更容易同权力体系建立正面联系，相对容易得到基层党政部门的支持，为外来务工人员在社区层面的公共参与开辟制度化渠道。而一些社会组织培育孵化的外来务工人员组织，能够通过注册成为正式的民办非企业单位或社团，进而提供丰富的外来务工人员参与公共治理制度化渠道。

3. 政社协同式治理初步形成

社会组织积极参与官方推动的人口融合，特别是积极促进外来务工人员全方位融入城市，是广州对传统城市融合模式的深化和超越。传统城市融合侧重于农民工在经济层面的融合，提供相对平等的就业和社会福利机会，而推动外来务工人员参与居住城市的公共事务，体现了更深程度的政治融合，这是对城市融合的重要拓展。职能部门和社会组织体现出政社协同的良性互动，成为共建共治共享的地方治理实践案例。社会组织之所以能够在外来人口融合领域发挥积极作用，离不开政府部门的信任、推动和支持。在外来人口融合领域，正是由于相关部门在政策、资金方面的大力支持，使社会组织能够在大规模群体性事件之后开展相关研究，并同职能部门保持良好的沟通协作。通过与相关部门建立互信和沟通机制，社会组织面向外来务工人员开展政策倡导，让外来务工人员获得了新的表达利益、传递声音渠道。

三　典型案例：三元里来穗人员城市融合试点

在近年开展的全面融合试点工作中，步伐最快的是白云区三元里街。三元里街松柏岗社区的"五个一工程"，是广州近年来人口融合的突出亮点。与三元里街道开展合作的社会组织是法泽城市与公益研究中心（下称法泽），法泽提出的"五个一"工程构思被街道采纳提炼。街道政府持续多年的工作积累、引入专业社会组织开展制度创新，是松柏岗工作成功的重要原因。

（一）松柏岗社区的融合需求

三元里是广州最早出现的城中村，曾经是各种社会问题汇聚的典型。松柏岗是三元里村的一个社区，总人口约9500人，其中本地居民不到1500人，外来务工人员8000多人。外来务工人员多来自湖北洪湖，还有部分潮汕人和四川人。2009年，松柏岗在政府引导下成立了以湖北洪湖籍外来工为核心的荆楚印刷工党支部，并在此基础上逐步探索建立"以外管外"样板模式。荆楚印刷工党支部实际上整合了传统同乡会和行会的功能，将带有现代行政和社会动员组织色彩的党组织建立在传统的自生型支持网络基础上，并以此形成外来人口社区自治的初步基础，成为开展全方位融合试点工作的起点。

2013年8月，法泽在成立之初就将外来人口融合作为重点工作方向，基于创始人的公益工作经验，法泽将外来人口中的女性和儿童列为重点工作对象。2014年，在相关部门的支持下，法泽选定松柏岗作为外来人口融合项目的试点社区。法泽选择松柏岗社区开展工作，在追随官方关注焦点、争取行政资源的同时，旨在从一个相对成熟并且有自组织基础的外来人口聚集社区入手，降低失败风险。事实证明，原有社会网络荆楚党支部的存在，为法泽进入社区和深入动员创造了便利，减少了阻力，降低了成本。但是，成熟社区并不意味着法泽的工作变得轻松。正因为松柏岗社区较为成熟，外来人口融入水平实际上比广州很多其他城中村要高，这意味着许多"新市民"已经建立了关系网络，有自己的社会生活圈子；对新的外部介入力量而言，要撬动社区居民参与到新的公共事务和组织网络中，需要提供更有吸引力的服务形式和内容，这就需要更高的创新要求。另外，由于法泽试点工作确定的主要对象是外来人员的女性，其中以来自湖北的女性为主，这对法泽的动员方法和行动策略提出了额外的挑战。法泽开展的观察和调研显示，多数主动选择进城务工的女性都具有较强的独立性和自主意识，其中湖北外来女工的自主性尤其强；同时，这个群体的目的性和功利性也比较强，对于新的社会实验急于见到成效，如果社会组织不能有效、及时地给予正面反馈，就很难保持吸引力，进一步的社会动员很难实现。

（二）以服务驱动参与

2014年8月，法泽正式进入松柏岗社区开展工作，当时自上而下的城市融合计划尚未启动。基于领导人此前多年面向农民工的工作经验，法泽的社区动员策略非常有针对性。

法泽通过满足农民工的现实需求吸引他们参与公共生活，在这个过程中有策略地培育他们的公共意识。在争取到基层政府和荆楚党支部的支持后，法泽通过向居民开展问卷调查等方式征集民意，最终将提供早教服务和清理环境卫生作为优先工作目标。

这两项活动的开展过程鲜明地体现出法泽的社区动员策略和动员技术。早教服务与社区清洁在性质上差别明显：前者是一项特殊的公共服务，受众群体相对集中，主要是年轻妈妈和她们的子女，规模相对较小，参与者一般只有收益，几乎不存在损失，参与积极性高。后者则是一项涉及社区全体成员的公共管理事务，社区所有成员都是问题制造者，也是解决问题的潜在参与者；而且，参与公共卫生清洁的短期收益有限，要付出的成本却比较明显，如时间、精力和金钱。

尽管事务性质存在差异，但法泽在推进过程中追求共同的目标，即培育社区居民的主体性，培育社区公共意识，在提供公共服务、开展宣传以及动员参与过程中发掘积极分子。在早教服务项目中，法泽动员自身的资源网络，在全国范围招募指导老师来社区招生开班，在免费服务的同时刻意挑选接受服务的女性积极分子，让她们以助教身份一边接受服务，一边接受授课老师手把手的培训。这些积极分子中的一部分最终能够独立为社区的其他家庭提供类似的幼教服务，甚至还能以同样模式在本社区发展和培养积极分子，逐渐增强外来女性的公共事务参与和组织能力，让原本的服务接受者有机会转变成服务供给者。在这个转变过程中，实现了对女性的赋权和增权，使她们成为社区改造的潜在参与主体。通过早教班，法泽发掘了一批女性积极分子，她们后来成为志愿队和其他社区公共活动的参与骨干。

法泽针对社区卫生清洁采用更加公开、广泛的动员方式，主要是与社区志愿者活动结合在一起，同样将动员同培育社区自治骨干相结合。法泽首先重点培训了选拔出来的志愿者，让他们组成清洁队开展示范，在社区志愿者活动日对普通居民进行宣传。同时，街道政府加强了行政管理力度，为居委会组织的社会动员营造了良好氛围，使得松柏岗的公共卫生状况在一年时间内得到明显改善。有效的社会动员和居民参与，让这种状况得以延续，而不像运动式的清洁工作那样，一旦行政力量停止介入，社区又重回脏乱状况。松柏岗社区虽然是个拥挤缺乏规划的城中村，但根据课题组2016年以来的持续实地观察，该社区极少有随地乱扔垃圾的情况，比广州的许多城中村明显干净清洁。

（三）社会组织推动治理创新

"五个一工程"是松柏岗外来人口融合项目社会治理创新的最大亮点，也是最重要的制度成果。"五个一"包括一个融合服务工作站、一所融合学堂、一个来穗人员党支部、一个社区共治议事会和一支来穗人员志愿者服务队。政治参与是市政府推动的全面融合计划的重要创新内容，也是对传统城市融合的重要延伸，"五个一工程"是落实该目标的具体制度成果。值得注意的是，法泽是这套制度的设计者，在其后续完善中发挥了较大作用，其中最重要的共治议事会制度是法泽创始人基于开展农村社区自治的经验而创设，这成为松柏岗社区治理可复制的重要工作模式。

但也要看到，尽管社会组织在决策阶段发挥了重要作用，"五个一工程"作为一套相互支撑的社区参与式治理制度，依然体现出强烈的政府引导型参与色彩，特别是工作站和党支部的设置。前者设在街道办，是联结社会力量和上级政府的协调机制，为社区自治项目提供了合法性和行政支持；后者以原有的荆楚印刷工党支部为基础，但书记由法泽创办人担任。法泽的这种做法与相关主管部门进行了沟通，大体相当于基层政府和职能部门肯定了法泽的社区工作主导权。法泽通过细致的社区工作，同包括荆楚党支部在内的外来居民建立了良好的互信关系，因此由法泽牵头得到了党支部骨干的支持。

融合学堂也被称为社区大学，是对居民开展能力培训和公共参与训练的重要平台。法泽在社区推进的参与和自治能力建设是分步骤的，首先是培养街道、居委会和社区精英开展理性、平等的集体协商和决策，周期大约为两个月。完成前期培训和能力建设准备以后，再利用融合学堂组织各种类型的技能培训、讲座和公开活动促进社区融合，这些活动面向所有居民（主要是女性），在活动过程中发掘社区积极分子，培养社区公共参与和自我管理意识。社区大学的课程设计同样是基于对社区需求的调研而设置，目前已经开设了写作课、健康讲座、彩妆培训等。这些课程超越过往官方推动的人口融入项目中的职业培训，目的不止于教授实务技能，还要提升受训者的自信、自我肯定心态，培养其独立人格和自主意识，最终促进居民提升自我组织和自我管理的能力。

共治议事会是"五个一工程"中最受关注的制度创新。这个制度也是由法泽提出，目的是填补现有参与制度的真空，让那些无法回原籍参与村民自治，又因为户籍原因无权参与城市治理的外来务工人员能够获得有效的公共参与渠道，对所在社区事务发表意见。共治议事会共有13名代表，包括6名三元里原住民、6名外来居民和1名街道委派人员。委派人员是街道民政科的负责人，担任议事长。共治议事会从2016年4月开始正式运作，承担社区公共议程设置和开展协商讨论的职责。它的第一个成果是建立"微公园"，提升社区生活质量，增强社区归属感。在2016年10月召开的一次共治议事会会议中,① 参会人员商讨了治理高空抛物、安装智能门禁和重新布设网线三大议题,都事关全体社区成员整体利益。会议上来自湖北的外来居民代表发言活跃,其中多为荆楚党支部的成员,荆楚党支部书记一直主导讨论,本地原住民代表相对沉默。这种现象与松柏岗社区的人口结构有关。松柏岗是老城中村,原住民留住人口已经很少,相对年纪较大;而社区中占多数的湖北籍居民相对年轻,对公共参与的积极性和主导性较强。不过,议事长在会议全程尽量平衡发言时间,甚至有意识地鼓励原住民代表发表意见,确保充分协商。法泽不直接参与议事,但负责对议事代表和参与议事的基层干部进行培训;而且,还通过平时的各种服务项目和志愿者活动,有意识培养外来工集体协商和民主议事的技能和习惯。

自2016年以来的连续跟踪研究显示,议事会在创建初期比较活跃,对社区公共治理产生了影响,促进了社区公共物品的产出,如打造了新的公共空间和管理制度、公共卫生得到改善。但进入2017年以后,议事会很少召开会议,自2019年以来基本没有运作。其中的主要原因如下:第一,议事会的建立和运作完全依靠外力推动,缺乏足够的内生动力。如议事会的议事议程由社会组织和街道政府主导,社区居民(无论是外来户还是原住民)的参与主动性和实际参与度非常有限。第二,议事会成员的遴选透明度不够、代表性不足。这使协商很容易就演变成小圈子活动,对多数社区居民影响力有限。第三,议事会是协商平台、缺乏执行力,很难解决实际问题,"议而不决"的现象严重。早期公共空间的营造与当时政府的积极介入关系较

---

① 课题组成员以观察员的身份现场参与了一场议事会,讨论议题包括高空抛物治理和宽带布线管理。会议召开时间为2016年10月12日。

大，一旦政府不主动介入和直接提供资源，通过社区成员协调复杂的利益关系难度较大。[1]

（四）三元里模式的可复制性

三元里模式中的重要组织网络是荆楚党支部。政府协同社会组织在松柏岗开展的社区动员，高度依赖荆楚党支部。探讨三元里模式的可复制性，需要分析荆楚党支部的组织特点、法泽与荆楚党支部的关系两个方面内容。

荆楚党支部的特点是，其影响力和合法性除了来自官方的支持，也来自其领导人的个人影响力。作为基于同乡、同业网络形成的自治组织，荆楚党支部有浓重的传统乡缘组织的特点，带有封闭性和排外性。因此，荆楚党支部的一些成员起初对法泽的进入存有疑虑甚至还有抵触情绪。但支部书记个人的支持和信任，使法泽比较顺利地被社区原有自组织接纳，才开展了自己的社区营造计划。

法泽在三元里的工作，高度依赖荆楚党支部。法泽对外来人口的动员，如宣传、举办活动、调研等，都依赖荆楚党支部实施。荆楚党支部不仅为法泽提供了行政体系之外的社会合法性，还直接提供了组织资源和人力资源，降低了法泽开展社区动员和社区公共服务的成本。如松柏岗社区项目"五个一"体系重要组成部分的农民工志愿者队，很大程度上是由荆楚党支部直接发动，支部书记亲自担任志愿队队长，带头参与每月举行的志愿活动。

荆楚党支部的组织特点以及法泽对其的依赖，可能会削弱三元里社区融合经验的可复制性。荆楚党支部的组织特点是高度附着在传统乡土社会网络上，凝聚力高度依赖社会精英的个

---

[1] 课题组在松柏岗对法泽工作人员的访谈，2020年6月8日。

人威望，其中甚至存在传统社会的人身依附。法泽的进入和动员能够在多大程度上影响或者改变这个传统社会组织体系，由外来组织动员起来的参与式治理是否会同基于传统族群、依附关系的自治模式产生冲突（如以女性作为动员对象的工作定位可能遇到障碍），还有待进一步的观察。

四 小结

广州的外来人口融合治理从限制性管控、融入性管理逐步发展到全面融合阶段，目前形成专业社会组织结合行政管控的治理模式。从治理体系看，专业社会组织服务弥补了行政体系灵活性不足，通过多样化服务、与职能部门互相补位实现了人口融合治理目标。从治理能力看，专业社会组织人力资源丰富，工作方式灵活多样，对广大外来人口渗透能力较强，能够迅速回应并及时创新。从治理效果看，对专业社会组织的引入，体现出多样化治理的社会治理现代化探索。

第六章　城市更新：党建引领下的协同共治

城市更新是在经济社会发展中，对不适应现代社会生活的城市空间进行必要的、有计划的改造活动，是城市治理的重要内容。自20世纪50年代在西方发达国家被提出以来，"城市更新"概念逐步被国际社会接受，相关术语从政府及私人开发商主导的城市再开发、社会团体介入的城市振兴及带有乌托邦色彩的理想城市复兴发展为20世纪90年代后主要针对城市衰退而形成的城市更新。在城市更新范畴下，环境与人的关系日益受到关注，更新目标从解决单一问题逐渐走向综合目标体系，行为特征逐步从大拆大建转变为因地制宜的大小结合，更新机制持续从政府主导发展为多元共治，价值导向不断从物质空间迈向公共利益的保护与提升。当代城市更新概念，不仅关注物质空间的演替，更加强调对城市社会、经济、文化等领域的整体优化作用，以及更新过程中多元主体的共同治理。[①]

改革开放四十多年来，中国城市建设快速发展，以高质量发展为目标的新型城镇化路径，对城市更新提出新的要求。当前珠三角、长三角等部分城市地区建设用地已经占到区域总用地的40%—50%，迫切需要城乡建设实现从粗放到集约、从增

---

① 唐燕、杨东、祝贺：《城市更新制度建设》，清华大学出版社2019年版，第2—3页。

量到存量、从制造业到服务业、从生态破坏到环境友好、从追求速度到普遍适应生活等全面变革。[①] 近年来，城市更新成为国内城市治理的重要内容，当前中国城市更新主要包括两方面内容：一是客观物质实体（建筑物等）的拆迁、改造与建设，目标是以损毁消耗最少的物质财富实现城市发展；二是生态、空间、文化视觉环境的改造与延续，包括社会网络结构和心理定式，促进全面提高公共福利。[②] 可见，城市更新既涉及提升社会财富运用的效率问题，还涉及保护不同利益群体尤其是弱势群体的社会公平问题。在广泛的人民群众之间，基于不同原则权衡社会财富的变更和分配，城市更新对城市治理者提出了具有较高难度的挑战。

依据 2015 年出台的《广州市城市更新办法》，广州的城市更新是指由政府部门、土地权属人或者其他符合规定的主体，按照"三旧"改造[③]政策、棚户区改造政策、危破旧房改造政策等，在城市更新规划范围内，对低效存量建设用地进行盘活利用以及对危破旧房进行整治、改善、重建、活化、提升的活动。广州城市更新演进历程，经历了 20 世纪 80—90 年代的自由市场摸索期、21 世纪初的政府强力主导期、2010 年前后开始至 2015 年的"三旧"改造运动期和 2015 年以来至今的城市更新系统化建设期。[④]

在国际上，自 20 世纪 70 年代起，不同的制度安排对城市更新产生不同影响；相关倡议分为由国家主导、市场主导或公

[①] 唐燕：《新常态与存量发展导向下的老旧工业区用地盘活策略研究》，《经济体制改革》2015 年第 41 期，第 102—108 页。

[②] 姜杰、贾莎莎、于永川：《论城市更新的管理》，《城市发展研究》2009 年第 4 期，第 56—62 页。

[③] 根据《关于加快推进"三旧"改造工作的意见》（穗府〔2009〕56 号），"三旧"指旧城镇、旧村庄、旧厂房改造。

[④] 唐燕、杨东、祝贺：《城市更新制度建设》，清华大学出版社 2019 年版，第 34—36 页。

私部门结成合作关系来推行。城市更新政策往往是自上而下（国家主导）、自下而上（社区主导），或者通过房地产驱动来实施。[1] 广州城市更新的四个发展阶段，呈现出城市治理中不同模式制度供给下权力（来源于不同领域的）运行的效果，与国际社会城市更新的国家与社会关系模式相对契合，对于同期中国的国家与社会关系具有一定的解释力；同时，这也揭示出城市更新应当置于更广阔的经济、社会和政治背景下予以思考和推进，在相对宏观的国家与社会关系框架下寻求具有适用性的理论，在不同类型的实践中捕捉可以参考借鉴的成功案例。

世界和中国的城市更新发展历史以及广州实践，显示出城市更新不仅带来城市外观形态变化，而且对人们公共生活的方式、方法带来根本性变革。在认识城市更新的不同维度中，更新目标、更新导向、产权主体、更新规模、更新对象、参与主体、改造方式、功能变更、土地流转和安置模式，都超越了更新技术、手段和方式本身的物质性需求，对政府、市场和公众等不同力量的共同参与机制、模式提出制度安排等上层建筑供给的需求。在城市更新中，从单一主体实施发展到社会、市场和政府的合作推进，从单向的技术追求拓展到置身于经济发展和制度供给的全面考量，要求我们对城市更新具有新的认识，将城市更新的合法性、包容性和技术性结合起来构建新型的城市治理合作关系。城市更新不是政府部门、市场主体或者城市市民的单向主张或者是局部利益权衡，而是注重市民广泛参与、注意在特定地区建立正式或非正式运行机制形成的影响大众及私人利益并通过积极协商而展开的综合性城市治理过程。城市治理制度、机制构成的城市更新背景和网络，是当代城市更新

---

[1] [英]安德鲁·塔隆：《英国城市更新》，杨帆译，同济大学出版社2017年版，第177页。

的基础资源；将城市更新置于市域社会治理现代化事业中推进，有助于促进城市更新和广州社会治理的现代化转型。

一 广州城市更新治理体系基本情况

在广州城市更新中，政治、行政、法治和自治体系在不同维度发挥作用，共同促进城市治理转型升级。政治体系既通过对相关工作领导部署履行职责，还通过基层党建等创新方式参与城市更新。行政体系是城市更新的中坚力量，通过行政活动和引入社会力量开展共建共治共享城市治理等方式建设。法治体系既包括国家、省级立法中相对宏观的制度规定，也包括广州地方立法和部分规范性文件体现的机制和规则。自治体系主要指社会领域自我动员、自我管理的活动机制，也包括社会领域积极与权力部门合作共治而开展的城市更新创新机制。

（一）政治体系的常规性领导和引领

广州政治体系对城市更新的引领带动，既包括中共广州市委对地方政府以及各项工作的领导部署，还包括各级党组织发挥战斗堡垒作用，通过基层党建等形式引领城市更新的创新实践。不同级别的党组织根据组织原则、纪律规定对上级党组织工作安排的传达、落实是常规性工作，是政治体系在城市更新工作中的基本履职活动；而各级党组织尤其是基层党支部通过党建活动参与城市更新，则为这项工作注入新鲜血液，对于城市治理具有示范和导向意义，可以渗透和影响整个城市更新的制度设计和权力运行。政治体系通过上述两种类型的活动对城市更新的领导和引领，在城市治理中具有不同作用，显示不同意义。

西方国家的现代化基本遵循两大路径，一是以英美为代表的"社会中心主义",主要依靠市场方式和社会力量实现国家治理现代化;二是以德日为代表的"国家中心主义",主要依靠国家或官僚机器的推动走向现代化。而在一些后发国家转型中,政党往往成为国家治理和秩序构建的关键因素,这种方式被归纳为"政党中心主义"。[1] 新中国成立后,在改革开放前,中国共产党以相对"全能主义"的模式,对社会组织进行分类、编组和建构,将之塑造为可控组织,并通过它们控制整个社会;改革开放后,尤其是近年来,党通过强力反腐和加强党建提升自律性和调试性,力图打造权力与社会平衡参与的治理格局。在当代城市治理中,各级党组织不仅是领导资源,也是参与主体。[2]

近年来,党和国家领导人、广东省委对广州的工作要求和指示,明确涉及城市更新工作。对此,广州市委积极回应、落实党和国家的大政方针,对城市更新工作做出相关部署。在上述部署与落实、命令与执行过程中,政治体系覆盖和影响了城市更新工作的不同方面。具体来看,在习近平总书记近年对广东的要求、广东省委对"四个出新出彩方案"的推进中,综合城市功能、文化综合实力、现代服务业和国际化营商环境建设都需要城市更新予以保障和促进;而且,上述四个方案还提出具体要求,如在推动现代服务业出新出彩行动方案中,关于优化物流配套体系,明确提出"结合城市更新和区域产业升级,疏解一批非中心城区功能的物流园区",等等。

---

[1] 杨光斌:《制度变迁中的政党中心主义》,《西华大学学报》2010 年第 2 期,第 1—6、31 页。
[2] 罗干:《政党制度化与国家治理:后发展国家政治发展的理论观察》,《江苏社会科学》2016 年第 3 期,第 129—137 页。

第六章 城市更新：党建引领下的协同共治

表6-1　近年来各级党组织关于城市更新的主要活动

时间	形式	内容
2018年	习近平总书记在视察广东时讲话	要求广州实现老城市新活力，在综合城市功能等四个方面出新出彩
2019年	中共广东省委全面深化改革委员会印发《广州市推动"四个出新出彩"行动方案》的通知	要求相关单位结合实际认真贯彻落实广州市推动综合城市功能、城市文化综合实力、现代服务业现代化国际化营商环境出新出彩行动
2020年	中共中央政治局常委会会议	首次提出"构建国内国际双循环相互促进的新发展格局"
2020年	习近平总书记两会期间讲话	再次强调要"逐步形成以国内大循环为主体、国内国际双循环相互促进的新发展格局"
2020年	中共广州市委十一届十一次全会文件	强调全力做强城市更新和人工智能与数字经济双引擎，市委副书记、市长温国辉就经济工作以及推进城市更新和人工智能与数字经济试验区建设做专题讲话
2020年	中共广州市委十一届十次全会文件	对城市更新做出强调，提出要以更大力度提升城市能级，高水平建设全球重要综合交通枢纽，打造区域经济新动能，推进城市更新九项重点工作和垃圾分类工作
2016年	由国土资源部研究制定、经中央全面深化改革领导小组和国务院审定《关于深入推进城镇低效用地再开发的指导意见（试行）》	坚持最严格的耕地保护制度和最严格的节约用地制度，坚持以人为本，促进新型城镇化发展，鼓励土地权利人自主改造开发，鼓励社会资本积极进入，规范推进城镇低效用地再开发，促进城镇更新改造和产业转型升级，优化土地利用结构，提升城镇建设用地人口、产业承载能力，建设和谐宜居城镇
2016年	市委、市政府发布《关于进一步加强城市规划建设管理工作的实施意见》	坚持以人为核心的城市发展理念，合理调控人口规模，提高市民素质，加强城市基础设施建设，推动基本公共服务均衡覆盖，按照干净整洁平安有序的要求，建设标准化精细化品质化的人居环境。以创新驱动促进城市发展，强化规划引领，优化城市空间布局，形成清晰的主体功能区。集聚新要素，培育新动力，为城市创新发展提供支撑空间，加快建设国家创新中心城市

续表

时间	形式	内容
2016年	中共广州市委十届九次会议文件	提出"持续系统推进差异化的城市更新"要求；当年对解决制约广州科学发展的突出矛盾和深层次问题，依法推进城市规划建设管理工作，探索具有广州特色的城市发展新路子做出部署

（二）机构长期调整变化的行政体系

广州城市更新行政体系，承担依据相关规定开展行政审批、跨部门协调、跨层级协调等任务，同时积极与社会领域合作开展共建共治共享探索实践。广州在国内成立第一个专门职能机构——城市更新局，它的设立、运行和变更反映了近年来国内城市更新行政体系的调整走向。回顾其发展历程，有助于完善城市更新工作的组织体系和协调机制，拓展权力运行范围，深化权力运行幅度，探索工作新模式。

广州城市更新主管部门的设立在全国具有一定的探索性和首创性，在近年来受到机构改革影响较大。2009年，国土资源部与广东省政府签署合作协议，共建节约集约用地试点示范省，开展"三旧"改造，出台《关于推进"三旧"改造促进节约集约用地的若干意见》（粤府〔2009〕78号）。此后至2014年，广州城市更新管理机构主要是临时的"三旧改造办公室"。此间，广州出台《关于加快推进"三旧"改造工作的意见》（穗府〔2009〕56号）、《关于加快推进"三旧"改造工作的补充意见》（穗府〔2012〕20号），从改造意愿征询、改造模式设立、改造单元划定、完善历史用地手续、土地整备与收储、改造收益分享机制等几个方面进行"三旧"改造政策体系和实施机制探索；系统性地实施国有土地整备，梳理低效建设用地数量。

2015年，广州市政府机构改革成立城市更新局，整合原

第六章 城市更新：党建引领下的协同共治

"三旧办"以及市政府有关统筹城乡人居环境改善的职责，使城市更新主管部门从临时机构成为政府组成部门，相关工作从临时转为常态。随着由市长担任组长的市城市更新工作领导小组[①]、市规委会城市更新专业委员会成立，广州城市更新行政体系日益完善（参见图6-1）。城市更新局主要职责包括相关政策法律制定、管理办法研究、统筹更新实施等；内设政策法规、计划资金、土地整备、前期工作、项目审批、建设监督6个覆盖城市更新全过程的管理处室，还设有城市更新项目建设办公室、规划研究院、土地整备保障中心、数据中心4个提供技术支撑的直属事业单位。

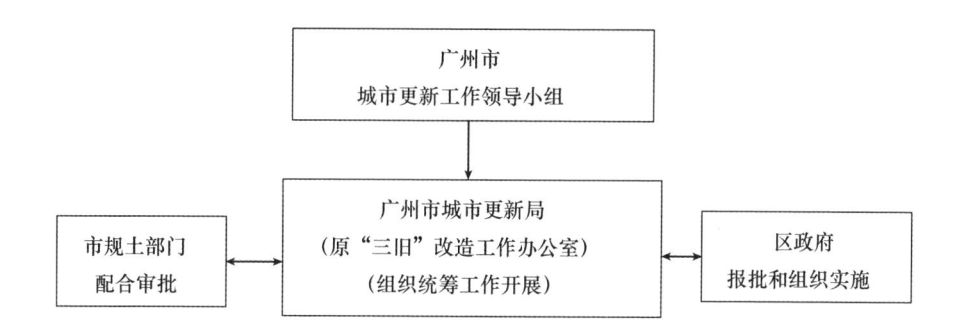

图6-1 广州城市更新局设立初期的机构设置[②]

在国家机构改革设立自然资源部之后，广州城市更新局的定位和归属迎来调整。2019年，广州市组建规划和自然资源局，不再保留市国土资源和规划委员会、市城市更新局。城市更新部门和规划部门整合之后的广州市规划和自然资源局设"城市

[①] 2018年，广东省人民政府办公厅印发《关于成立广东省推进"三旧"改造工作领导小组的通知》（粤办函〔2018〕50号），省政府决定成立推进"三旧"改造工作领导小组，组长为省长马兴瑞，副组长为副省长许瑞生，成员包括省人大常委会副主任、省法制办主任王学成、省国土资源厅厅长陈光荣、省发展改革委主任何宁卡等23人。

[②] 唐燕、杨东、祝贺：《城市更新制度建设》，清华大学出版社2019年，第72页。

更新土地整备处",负责统筹组织全市城市更新土地整备工作,划定重点范围,推进范围内的土地整理和储备;负责完善历史用地手续的审核、集体建设用地转为国有建设用地的审核、"三地"(边角地、夹心地、插花地)涉及农用地转用和土地征收的审核;指导和监督各区土地整备、用地报批和用地管理工作。同时设置"城市更新规划管理处",指导城市更新规划编制,负责规划审核、审定以及相关修编和调整工作;指导项目涉及的规划和土地专章编制,负责项目涉及的规划和用地内容的审核、审定;指导和监督各区规划管理工作。与城市更新密切相关的处室还包括"总体规划处""地区规划管理处""城市设计处",建筑、综合交通、市政设施规划管理处,名城保护处,等等。针对城市更新项目,广州市住房和城乡建设局内设建设管理处,负责组织城市更新政策创新研究,拟订城市更新项目实施有关政策、标准、技术规范;参与编制城市更新中长期建设规划及年度计划;参与城市更新项目标图建库工作;负责全市城市更新项目的统筹实施、监督和考评。

(三) 以规则制定为核心的法治体系

城市更新的法治体系,包括两个维度:一是法律及相关文件中反映出的制度和规则体系,在中国主要表现为法律、法规、规章以及规范性文件的形式;二是关于城市更新的立法、执法以及司法等制度和规则体系,由于城市更新具有特定的内涵,相关活动具有自身特性。

1. 广州城市更新的法律规则体系

广州城市更新的法律规则既包括国家、省级立法中相对宏观的制度和规则,也包括广州地方立法对城市更新做出的具体规定,还包括部分以规范性文件形式出现的制度和规则。

目前,中国尚未在国家层面开展专门的城市更新立法;在现有法律中,《城乡规划法》《土地管理法》《文物保护法》对于城市更新工作多有涉及;《国有土地上房屋征收与补偿条例》《城市规划编制办法》《城市规划用地分类与城市用地标准》等行政法规、规章及规范性文件高度面向城市更新,在全国具有普遍适用效力。在省和设区的市中,上海、广州、深圳、珠海和昆明五个城市通过并制定了专门地方立法或规范性文件。国家、广东省的立法及相关政策文件是广州开展相关工作的依据,其他省市的相关规定对于广州具有参考借鉴意义。

表6-2　　　　　　　法律、法规中关于城市更新的规定

序号	名称	规范事项	条文
1	《中华人民共和国城乡规划法》第31条	旧城区改造的原则性规定	旧城区的改建,应当保护历史文化遗产和传统风貌,合理确定拆迁和建设规模,有计划地对危房集中、基础设施落后等地段进行改建
2	《中华人民共和国土地管理法》第43条	建设用地的范畴、使用程序等原则性规定	"任何单位和个人进行建设,需要使用土地的,必须依法申请使用国有土地","国有土地包括国家所有的土地和国家征收的原属于农民集体所有的土地"
3	《国有土地上房屋征收与补偿条例》第8条	危房及旧城区改造的征收规定	"政府依照城乡规划法有关规定组织实施的对危房集中、基础设施落后等地段进行旧城区改建的需要","由市、县级人民政府作出房屋征收决定"

省级规范性文件《广东省人民政府关于推进"三旧"改造促进节约集约用地的若干意见》(粤府〔2009〕78号),广东省国土资源厅《关于"三旧"改造工作的实施意见(施行)》(粤府办〔2009〕122号)、《广东省住房和城乡建设厅广东省国土资源厅关于开展"三旧"改造规划修编工作的通知》(粤建规函〔2014〕1972号)、《广东省人民政府关于提

升"三旧"改造水平促进节约集约用地的通知》（粤府〔2016〕96号）针对不同历史时期"三旧"改造的阶段性特点，对全省城市更新做出指导。

在广州市级层面，自2016年1月1日出台《广州市城市更新办法》后，关于旧村庄、旧厂房、旧城镇更新出台3个配套实施办法文件。2017年以来相继出台《广州市人民政府关于提升城市更新水平促进节约集约用地的实施意见》（穗府规〔2017〕6号），以及旧村改造选择合作企业、资金监管、成本核算、项目监管等二十余项配套文件，建立了较为完备的城市更新规则体系。

以广州市委十届九次全会"持续系统推进差异化的城市更新"总纲要为指导，制定的《广州市城市更新总体规划（2015—2020）》，按照"一条主线、两个重点、三个转变"总体思路，明确到2020年推进城市更新规模85—100平方公里，实施完成城市更新规模42—50平方公里。按年度编制和组织实施城市更新年度计划，列入2016年、2017年、2018年城市更新计划项目共计863个，总用地面积190平方公里，共安排市财政资金23亿元。

表6-3　　　　　　广州市级城市更新立法及相关文件

类别	名称	备注
核心文件	《广州市城市更新办法》	（穗府〔2015〕134号）
配套文件	《广州市人民政府办公厅关于印发广州市城市更新办法配套文件的通知》	（穗府办〔2015〕56号）
	《广州市旧城镇更新实施办法》	
	《广州市旧村庄更新实施办法》	
	《广州市旧厂房更新实施办法》	

续表

类别	名称	备注
规范性文件	《广州市人民政府关于提升城市更新水平促进节约集约用地的实施意见》	（穗府规〔2017〕6号）
	《广州市农民集体所有土地征收补偿实行办法》	（穗府规办〔2017〕10号）
	《广州市城市更新基础数据调查和管理办法》	（穗更新规字〔2016〕3号）
	《广州市城市更新安置房管理办法》	（穗府规办〔2018〕2号）
	《广州市旧村庄全面改造成本核算办法》	（穗更新规字〔2016〕2号）
	《广州市城市更新项目监督管理实施细则》	（穗更新规字〔2017〕1号）
城市发展规划	《广州市国民经济和社会发展第十三个五年规划纲要（2016—2020年）》	城市更新相关发展规划
	《广州市土地利用总体规划纲要（2006—2020年）》	
	《广州市城市总体规划（2011—2020年）》	
	《广州市"三规合一"规划》	
	《广州市历史文化名城保护规划》	
	《广州市城市环境总体规划（2014—2030年）》	
	《广州市城市更新总体规划（2015—2020年）》	

2. 广州城市更新的主要法治环节

城市更新主要包括立法、执法以及司法三个环节。相对于城市治理的其他方面，设区的市在城市更新方面具有相对完整的地方立法权、执法权和司法权，充分运用各项主要权能，是广州地方治理在公权力领域的重要内容。

第一，从立法权限来看，依据《立法法》第七十二、七十三和八十二条的规定，城市更新涉及的"城乡建设与管理、环境保护、历史文化保护"属于广州可以制定地方性法规、规章内容，广州可就执行法律、行政法规的规定、属于地方性事务需要、属于本行政区域的具体行政管理的事项开展立法。在规章制定中，《立法法》"关于应当制定地方性法规但条件尚不成熟的，因行政管理迫切需要，可以先制定地方政府规章"规定，对于创新实践立法具有重要作用。基于上述规定，现阶段广州可以充分运用立法权，开展城市更新立法，并且可以在先行先试类规章中进行立法创新和突破尝试。

第二，关于行政执法，从广义上看，城市更新主管部门开展的各项工作都需依法进行，都属于执法范畴；但从狭义上看，行政更新执法主要涉及行政机关对妨碍城市更新的各种违法行为处置方面。当前，对于影响较大的侵占国有储备地块、集体维权等活动，主要以跨部门的联合执法活动进行应对，为此主管部门需要与住建部门、城管执法部门和公安等部门形成相对稳定的长效工作机制，保障跨部门、多方联动共同推进相关执法活动。同时要深入推进城市管理和执法体制改革，要重视以法律手段处理城市更新中的利益纠纷和其他问题，使居民利益、更新进度和更新质量都能够得到法律的保障。

第三，涉及城市更新的司法活动中，当前主要问题是司法判决的有效执行保障。例如，在广州的地铁八号线西村站建设拆迁过程中，荔湾区人民政府通过诉讼判定征地拆迁，但是判决生效后，由于房屋中住着年迈的老人，法院判决的强制执行也无法实现，导致地铁站建设拖延多年，既影响了城市更新效率，也影响了司法判决在城市更新中的公信力。

（四）逐步扩展公众参与的自治体系

城市更新的自治体系，主要涉及社会议事制度、社会自我管理制度和社会动员体系的建设等方面。从广州实际情况看，社会领域参与到城市更新主要包括两种类型：一是权力体系有意培养的社会力量，通过一定自治方式参与城市更新中，实现社会力量与权力体系合作共治；二是社会力量通过自我管理、自我动员发起和开展的城市更新活动，主要是第三部门主动参与城市更新。

狭义的公众参与指公民在代议制政治中通过投票等方式参与选举,这是现代社会民主政治的重要指标。广义的公众参与除了公众参与政治活动之外,还包括公民投入涉及公共利益的活动中,以个人行为推动公共事务进展。城市更新中公众参与视角的共建共治,主要是指广州权力体系有意吸纳社会力量参与开展的城市治理实践。自从2010年以来,广州通过开展地方立法、制定规范性文件等形式引导、规范和鼓励了城市更新中的公众参与。

表6-4　　　　　广州城市更新公众参与的相关规定

名称	主要内容	备注
《广州城市更新办法》	旧城镇更新涉及重大民生事项的,可以设立公众咨询委员会。公众咨询委员会坚持"问需于民、问计于民、问政于民",保障公众在旧城镇更新中的知情权、参与权。旧村庄更新改造可以设立旧村改造村民理事会。旧村改造村民理事会遵循"一村一会"的原则,由改造的旧村发起,可以制定工作章程,于改造启动阶段成立,至改造完成时终止。村民理事会在村党支部和村民委员会领导下,协助村集体经济组织,协调村民意见征询、利益纠纷和矛盾冲突,保障村集体和村民在旧村庄更新中的合法权益,顺利推进旧村庄更新	2015年地方性法规
《重大民生决策公众征询工作规定》①	对广州重大民生决定的调研论证、拟制、审核、共识、审定、跟踪修改阶段的公众意见征询工作做出规定	2010年规范性文件
《广州市重大行政决策程序规定》	就重大行政决策的范围、程序和管理做出规定,并专门对重大行政决策中的"公众参与"做出规范	2010年行政规章
《广州市重大民生决策公众意见征询委员会制度(试行)》②	重大民生决策事项,原则上均应成立公众意见征询委员会先征询民意后做决策	2013年规范性文件

① 该文件已失效。
② 该文件已失效。

续表

名称	主要内容	备注
《广州市重大民生决策公众咨询监督委员会工作规定》①	重大民生决策事项，均应成立公众咨询监督委员会，先征询民意后做决策	2015年规范性文件
《广州市重大民生决策公众意见咨询委员会工作规定》	重大民生决策事项，可成立公众意见咨询委员会，先征询民意后做决策	2018年规范性文件

在 2015 年前，广州就同德围综合整治、城市废弃物处理、重大城建项目、金沙洲地区公共配套设施、东濠涌中北段综合整治等项目设立的公咨委较为活跃，通过引入公众参与促进了居民之间，居民和政府部门的信息沟通，回应了地方治理的现实问题。在同德围综合整治中，为促进居民参与地方治理设立的公众议事协调机制——同德围公咨委发挥的作用较为积极。缓解当地出行难的南北高架桥建设方案，最初由当地居民在公咨委主持召开的公众大会上提议；关于建桥方案，公咨委参与了设计部门、建设部门与当地居民的协调沟通，促进设计方案根据居民的利益需求进行调整；由于存在利益冲突，建设方案制定中在居民之间开展多次协商沟通，公咨委促进居民之间加深理解、在局部利益上进行让步和共同推进高架桥建设，并为此促成居民开展了积极有益的协商。

在广州城市更新中，吸纳市场力量和第三部门开展永庆坊改造，是城市更新中社会体系发挥作用较为积极的案例。

1. 引入市场主体力量

近年来，广州城市更新部门通过公开招商、招标等程序，

---

① 该文件已失效。

引入企业参与恩宁路永庆坊片区PPP①模式微改造，不仅带来集合西关古朴建筑元素的老街焕然一新，而且通过打造文创小镇引入众创办公、长租公寓、教育培训等产业，在保留和还原传统建筑历史的同时，推动产业创新，成为城市更新"微改造"典型案例。

恩宁路始建于1931年，是广州最完整和最长的骑楼街，被誉为"广州最美老街"。20世纪初，恩宁路周边成为广州危旧房最集中的区域之一。2007年，广州发布拆迁公告，在建设用地规划红线图中，沿街骑楼列入其中。由于居民、社会公众意见等原因，改造搁置数年。随着2016年《广州市城市更新办法》出台，恩宁路永庆片区作为广州"微改造"第一个试点，以给予企业15年经营权、期满后归还政府的协议，引入广州万科进行建设和运营。万科以注重传统文化与新产业为导向对永庆坊实施改造，在2016年9月底经过改造的永庆坊正式开业。

引入社会资本合作开展的永庆坊PPP模式微改造，其改造主体、更新形式的突破和创新，对广州的城市更新具有积极意义。随着城市发展，公共服务需求日益多样化，很多大企业开始寻求与政府合作实现企业转型。万科是国内房地产行业龙头企业，近年来定位为"城市配套服务商"，逐步扩展面向居民生活的各种配套产业。市荔湾区旧城改造项目中心公开招商、招标等程序，确定由广州万科中标，按照"修旧如旧，建新如旧"方法对片区建筑外立面进行更新和改造，基本保持原有建筑的轮廓不变。微改造范围占地面积约8000平方米，更新建筑物约7000平方米。永庆坊的PPP模式微改造降低了政府财政负担，引入企业共同承担改造风险，使不同的资源配置方式优势互补，

---

① 城市更新PPP模式，指在政府与社会资本（多为企业或私人资金）之间，为提供某类公共设施或公共服务，以特许权合作协议为基础，形成一种相互信任的合作关系，其中不仅包括投融资方面的合作，还包括较为广泛的参与与治理合作，最终达到比单独行动更为有利的结果。

发挥合力。但同时，PPP模式下的城市更新项目，在一定程度上面临政府控制力削弱、平衡企业与居民的利益冲突难度加大等困境。

2. 接纳第三部门参与

在中国学术语境下，社会通常被分成三个部分。第一部分是政治社会，即国家系统；政治社会的主体是政府组织，主要角色是官员。第二部分是经济社会，即市场系统；经济社会的主体是企业，主要角色是企业家。第三部分是民间社会，即民间组织系统；民间社会的主体是民间组织，主要角色是公民。相应地，我们把政府组织系统称为第一部门，企业组织系统称为第二部门，把民间组织系统称为第三部门。[①] 因此，第三部门又称非营利组织、民间组织等，包括各种不同类型的行业协会和民间公益组织，也包括出于兴趣、利益等公民自发组合形成的利益团体、兴趣组织等等。

在广州的城市更新中，第三部门参与带来较大影响的是恩宁路改造项目。其中恩宁路学术关注组成立于改造项目启动后的第三年。小组成员主要是来自广州各大高校的"80后"学生，学科背景包括人类学、经济学、城市规划学、建筑学、新闻学和艺术学等。小组的目标是搭建第三方平台，力图促成恩宁路旧城改造过程中各方利益相关者的有效沟通，以探索旧城更新的新模式。据报道，恩宁路学术关注组有130多名成员，没有恩宁路本地居民，大部分非广州本土人，小组的活动经费、工作室的租金由成员自行承担。对于投入恩宁路改造的原因，有人是因为对广州具有归属感所以对旧城改造产生危机感，有人是因为对旧城保护理念的认同、对公共利益的共同信念，有

[①] 俞可平：《中国公民社会研究的若干问题》，《中共中央党校学报》2007年第12期，第14—22页。

人是因为专心做研究的学术理想,把小组当作理想中的"学术王国"。[1]

恩宁路学术关注组通过整理街区社区志等方式记录并呈现恩宁路的历史价值,通过论坛、交流会等形式展示当地历史文化,整理形成《恩宁路地块更新改造规划意见书》《恩宁路更新改造项目社会评估报告》,并将其在市长接待日递交给市长。小组通过深入居民开展调查研究,提升了居民的家园保护意识,使居民对街区改造的意见和建议做出专业化表达,指导了关于保护街区"麻石"等改造施工,以专业知识避免对历史文化标识的破坏。在学术小组帮助下,促成了居民更为理性、有效的公众参与,为公共管理提供的技术指导,降低了政府部门与居民之间的沟通成本。[2]

在恩宁路改造中,媒体积极参与、深度报道了项目进展,扩大项目在广州市民中的影响,建构了公共舆论空间,为更加广泛的社会力量参与打造了平台。专家学者的专业意见和批评,引导了项目方案的修改,其中广州美院李公明教授提出"恩宁路改造规划不能偷偷摸摸进行",广州大学建筑系汤国华教授对拆迁的合法性提出质疑,广州市律师协会詹礼愿律师对项目的公共利益发表意见,中山大学李以庄教授致信时任市委书记呼吁连片保护开发。上述社会力量对城市更新的参与,促进拆迁方案的修改,同时改善了城市更新模式的设置。[3]

---

[1] 赖妍:《恩宁路学术关注组:珍惜传统,认可广府文化》,2022年1月4日,《新快报》2011年12月29日(https://news.ifeng.com/c/7fb90Zrqu3A)。

[2] 吴祖泉:《解析第三方在城市规划公众参与中的作用——以广州市恩宁路事件为例》,《城市规划》2014年第2期,第62—68、75页。

[3] 黄冬娅:《城市公共参与和社会问责——以广州市恩宁改造为例》,《武汉大学学报》2013年第1期,第62—69、128页。

二 广州城市更新治理能力整体状态

广州城市更新治理能力，主要体现在更新项目背后的权力运行之中。在各种治理措施呈现出的不同运行效果背后，治理主体的资源掌控能力、公众渗透能力、快速回应各种社会需求能力和及时创新能力，成为考核治理运行的重要指标，它们按照权力流动走向反映治理体系的运行效果，揭示治理体系的制度供给是否促进权力运行的适用性、灵活性，能否回应社会现象多样化、复杂性需求。

城市更新活动的资源掌控能力，主要指治理主体对参与相关活动的人、财、物力资源的拥有和支配能力，对于回应各项治理需求的资源掌控能力。公众渗透能力主要指治理主体贯彻治理意图的能力，各类治理主体的内部统一和外部协调是其具有执行能力的关键所在，不同部门之间的协调性不足问题曾一度困扰城市更新，导致治理措施难以顺畅执行。快速回应能力主要针对政治体系的适应性，重点反映治理体系适应环境挑战的能力，面对新的治理问题甚至突发性事件的时候能否予以应对。创新能力主要是指治理体系自我更新、自我完善内部驱动力，治理体系本质上需要具有内部创新机制，否则在社会发展变化的环境下相对停滞，无法适应新的技术进步，最终影响治理体系的先进性。

（一）资源掌控能力不够均衡

城市更新治理体系的资源掌控能力，主要指治理体系能够在多大程度上调动人、财、物及相关资源。此处的"人"指城市更新的参与主体，包括政府组织、企事业单位和社会领域的个人，他们既是政策的制定者，也是执行者，作为被调动的资源时，重点针对具有执行者身份的组织和个人。"财"指投入城市更新的经济资源，既包括财政资金也包括市场、社会领域的投资资金。"物"主要涉及各类动产和不动产，产权关系是其中的核心问题。如果治理体系能够直接或者间接调动各类资源，使其投入城市更新的合理位置，就属于资源控制能力强；如果治理体系无法协调各类资源进入适当环境，我们就认为治理体系的资源控制能力相对较弱。整体来看，广州城市更新治理体系的资源掌控能力不够均衡，而且并没有形成互补的格局。

第一，广州城市更新治理体系可以调动的人力资源有限，并且主要集中在政治、行政体系中。在政治系统中，从地方党委到基层党组织都高度重视并且实际参与城市更新，从广州市委的城市发展部署到大源村治理项目均可见党组织的参与活动；在行政体系中，城市更新工作具有行政体系最高领导资源，市长是城市更新工作领导小组负责人；而社会力量对于城市更新的参与，较为多见的是在利益受到影响情况下以抗争者姿态出现，尽管在部分项目中，政府通过主动设置咨询机制引导公众参与，吸纳社会力量参与公共决策，但这时的公众并不属于可以调配的人力资源储备。如果城市更新治理仅由政治、行政体系依据固定程序开展，其能够包容的社会活动主体和广度都相对有限；只有大部分人或者大部分利益相关人可以在治理体系中遵循相关程序开展活动，治理体系整体性可以调动的"人"力资源才足够可观。

第二，从财政资金看，广州城市更新治理体系的资源控制能力有待于创新。尽管广州经济总量在全国领先，但是城市更新项目仍然会面临资金压力，因资金问题导致项目停滞的情况时有发生。当前广州城市更新从过去拆迁重建、更新后销售的重资产运营向城市有机更新不断发展，在改革原有的更新方式同时，亟待建设金融支持体系，创新融资工具和手段。在已经开展的永庆坊更新（PPP模式）中，关于资本运作模式仍需进一步规范，进一步明确资本（企业）运营与居民利益的边界，促进PPP模式被居民和社会公众接纳认可。从本质上看，城市更新的资金来源压力应当从金融支持体系的角度予以改善和解决，无论城市更新的实施者是政府、企业还是其他主体，资金都应该通过多样化金融渠道予以筹措。而当前的金融体系对于不需要拆除重建，对原有物业重新进行功能定位、升级改造的有机更新项目，缺乏完整的融资支持体系。广州融资体系应该加大对运营型城市更新的支持力度。[1]

第三，从物力资源看，广州需要更加精细化的制度规则提升资源控制能力。城市更新的"物"资源主要体现在有形的建筑物、土地中，通过用途和容量设定可以对其进行调控。城市建筑物、构筑物、景观环境和相关设施的实体权利，主要涉及有形物的产权，情况相对复杂：从对象看，包括"土地产权"和"建筑物产权"，其中还可以区分为"国有土地产权"和"集体土地产权"；从归属看，包括"单一产权"和"复合产权"，体现为单独所有、按份共有和共同共有等；在产权明确性上，存在"公共产权""私人产权"与"产权不明"等多种情况；此外，在产权期限上，还存在40年、50年和70年等差异。由于产权情况较为复杂，政治、行政体系掌控的有形产权资源相对有限，社会体系对于城市更新的主动参与程度不高，所以当前治理体系的产权资源控制能力相对不足，使城市更新的难点不仅集中在产权转移的议价空间上，还包括工业用地产权的分割、年限调整以及土地是否可以协商出让等方面。[2] 政治、行政体系通过用途和容量的调控强化资源控制能力是较为常见的

---

[1] 秦虹、苏鑫：《城市更新》，中信出版社2018年版，第275—277页。
[2] 唐燕、杨东、祝贺：《城市更新制度建设》，清华大学出版社2019年版，第2—3页。

方式，但是这种方式空间有限，并且需要更加完备的规则体系予以规范和保障。

（二）广泛渗透能力尚待协调

城市更新治理体系的渗透能力主要是由内部团结性、系统协调性和机制科学性决定。其中的团结性主要指城市更新的核心职能部门的目的一致，具有内聚力，能够制定和推行自己的意图；协调性主要体现在四个治理体系之间，能够协调不同力量共同推进治理项目；科学性主要体现在城市更新体系面对相对人的申请、审批等，是否便捷、高效。

第一，广州城市更新行政体系主管部门的内部一致性，仍然有待于强化。主管部门内部一致性，主要指行政体系内相关部门的权力和职责定位、分配清晰，相关部门在具体工作推进中目标一致。在广州以"三旧办"管理城市更新的阶段，"三旧办"具有"三旧"改造项目规划编制权、审批权、专项资金调配权，但是"三旧"改造项目审批容易与既有规划指标产生矛盾，"三旧办"与规划局建设项目审批权存在一定冲突。这种现象在城市更新局设立后，依然在一定程度上存在。随着新一轮机构改革，规划和自然资源局设立，不再保留市国土资源和规划委员会、市城市更新局，长期以来两个部门职责和权力设置方面的矛盾冲突有望得到改善。在行政体系的城市更新部门中，除了规划与城市更新部门权力重叠之外，关于文物保护、住建管理、城管执法甚至公安等部门都与城市更新关系密切，涉及审批前置以及联合执法等问题，行政体系内部在城市更新项目推进中统筹协调联动工作机制仍有待于完善。

第二，城市更新的不同体系之间仍然需要进一步协调，全面推进相关工作开展。从广州城市更新实践看，不同体系对于具体项目推进，并没有形成充分协调的合力，实现治理过程顺畅。其中较为突出地体现在两个方面：一是行政体系和社会体系之间的信息对接、沟通渠道有限，双方合作共治的制度基础薄弱。社会体系在整体上对于行政体系主导的城市更新项目呈现被动参与或者消极参与的状态，曾经出现的公咨委等合作机制，往往是在项目已经开始推进，为了解决社会矛盾等原因由行政体系主导设立，且参与时间滞后、参与机会较少，实质性影响决策的能力不足。尽管第三方参与可以相对独立于治理体系，通过在媒体上引起关注从而影响决策，但是一般不能凭借自身力量直接对接职能部门。二是现有的法治体系对于其他体系的支撑作用仍有待于提升。当前以 PPP 模式开展的城市微改造中企业与居民的利益协调、城市有机微改造的融资创新，都需要相关的规则体系予以支撑，通过地方立法等方式提供规范和引导。

  第三，广泛渗透的能力不仅反映在治理体系内部，而且体现在治理体系对外效果之中，主要反映在个体参与者对城市更新制度执行能力的主观判断之中。当前的机构和行政体制改革，实质上是推进权责体系战略调整的供给侧结构性改革，而其效果应当通过需求侧的认知和感受予以判断。尽管围绕着城市更新机构改革、权责体系在逐步向科学化调整，但是市场主体在办理相关联的审批事项时，仍然存在需要多部门沟通现象，审批时限不能得到充分保障，而且审批过程的容缺受理、信息化办公仍然有待于提升和改进。在城市更新中，部门利益和系统壁垒的钳制不仅使治理措施在公权力体系内部流动受到局限，而且抑制了权力体系对经济社会发展的造血、输血和养血等支持，当前政治系统和行政系统仍需搭建合力机制，从整体上减少行政程序，提高行政效率，降低相对人的制度性交易成本。

(三) 快速回应能力有待提升

权力运行的快速回应能力，主要体现治理体系的适应性，与之相对应的则是刻板性。由于外部环境是持续变化的，原有的治理体系不可能以过去行之有效的规则，应对完全不同类型的新问题，此时治理主体回应现实需求的速度和程度，直接影响治理效果，反映治理水平。如果人们承认环境带给城市更新的挑战是因时而异的，那么大体可以用回应时间、独立程度判断权力运行的实际情况。

第一，公权力体系面对社会需求的迅速回应能力有限，除非是在事态极其紧迫的情况下采取超常规的方式应对，大多数情况下对于新的社会需求的回应时间都相对较长。以同德围治理为例，在20世纪的前十年，当地居民一直通过不同形式向相关部门反映当地的公共设施和服务不足问题，但是没有得到有效回应。这一方面是当时的权力系统开放程度不足导致；另一方面是由于社会系统在整个治理体系中较为弱势，不仅不能充分参与治理影响决策，而且难于有效发声。在技术变革背景下，新技术、新媒体、自媒体迅速发展，社会力量在治理体系中的影响力有所增强，时刻倒逼不同体系整合资源，迅速将相关治理需求、意见传递到决策层面，使决策层快速回应公众需求。

第二，权力体系的回应机制的独立性不足，治理体系的回应性机制建设仍然有待于提升。在行政系统内的绩效考核压力下，关于常规性的民众需求，相关部门一般具有回复时间、程序等规定。但是在城市更新中，那些非常规的民众需求，尤其是特殊需求或者是对于规划、决定的异议性意见，相关部门的回应不及时，并且往往不具备独立的应对机制。由于城市更新面临的群体众多、需求多样，迫切需要相对独立的公众需求回应部门，将公众意见纳入治理体系。由于回应机制的独立性不足，城市更新中较为急迫的公众需求往往湮没在政治、行政体系常规性工作流程中，带来权力运行的回应能力不足。

（四）及时创新能力初步呈现

及时创新能力涉及权力运行的内驱动力，即治理体系通过自我更新、自我完善实现自我提升，通过迎接新技术、新形势的发展进行及时创新，促进权力运行质量和水平提升。党的十九届四中、五中全会提出，完善科技创新体制机制。在当前形势下，人工智能和数字经济迅速发展，将科技创新融入社会治理中，有助于治理体系创新能力提升。

第一，城市更新体系通过技术创新，实现自我提升的创新能力取得较大进步。在广州的行政服务中，信息化、电子化程度日益增强。随着近年来，以云计算、大数据、物联网、人工智能、区块链等为代表的一系列新型数字技术取得重大突破，城市更新领域需要进一步深度运用相关进步，促进治理方式的变革。事实上，人工智能在城市更新规划、数字经济在城市更新项目的持续运营中都具有较为广泛的运用空间，对于更新项目的持续发展具有积极作用。当前，新技术在广州城市更新中的运用有限，应当更加突出业务主导的科技治理体制机制研究，鼓励研发及应用数字治理技术，使治理与科技紧密结合，促进权力运行的技术化、智能化。

第二，城市更新系统通过机制创新，实现自我完善的能力近年来取得较大进步。近年来针对城市更新，广州通过组织机构的设置和调整进行自我完善，行政体系的城市更新局、规划和自然资源局的设置体现出治理体系通过机构改革和职能设置进行自我完善。但是城市更新系统的制度创新能力仍然有待于提升，对于已经开展的旧街区、旧厂房改造中形成的机制成果，没有做到及时梳理，已经形成的城市更新公众咨询、征询制度没有持续深化落实和贯彻,对于"文化创意园"等工厂改造过渡性选择的长期建设等缺乏制度化的扶持和引导,在巩固已经取得的工作成果和面向未来的制度创新中仍然存在进一步拓展的空间。

三 典型案例:大源村城市更新

由于传统治理体系的局限和治理能力上的缺失,地方治理者就城市更新开展了创新探索实践。在广州城市更新治理中,以强化基层党组织的组织力开展的大源村整治,使基层党组织成为实际治理主体,在短时间内取得相对较好的治理效果,并为基层党建工作做出引领和示范。大源村城市更新的代表性意义还在于,在社会治理中将基层党建工作予以制度化,成为党建引领在基层治理中的制度化实践范例。

近年来,广州政治系统不仅通过对相关工作的常规部署履行领导职责,还通过基层党建等方式参与城市更新,强化基层党组织的组织力,使党组织不仅作为领导资源,还作为直接参与主体,为较为复杂的问题提供了成功治理范例。广州市委主要领导通过调研,以立行立改激发村社治理"源"动力,[①] 使基层党组织成为城市更新的实际治理力量。在大源村更新改造中,通过两代表一委员、派驻第一书记、加强流动党员管理等方式,强化了基层党支部建设,不仅实现社会治理重心向基层下移,而且把基层党组织建设成为领导基层治理的坚强战斗堡垒。

大源村位于白云区太和镇东南部,面积 25 平方公里,有 7000 多栋房屋,常住人口超过 20 万人,曾诞生过几十家在淘

[①] 夏振彬、汤南、肖桂来:《大源村"蝶变记"》,2022 年 1 月 4 日,《广州日报》2020 年 7 月 7 日第 3 版(https://news.dayoo.com/guangzhou/202007/07/139995_53421744.htm?isappinstalled=0)。

宝、天猫、京东排名全国百强的商家，被称为"广州最大的城中村"，也是广州最大的"淘宝村"。由于物流园搬入、外来人口增加等原因，城市更新压力较大。2018年，中央巡视组反馈广州存在"城中村改造迟缓，环境脏乱差，犯罪率占全市约80%"现象，大源村被列为重点整治村，开始为期3年的综合整治。广州市委书记张硕辅自2018年7月到任至2019年初，在前往白云区的8次调研中有3次提到大源村；2019年1月，张硕辅率6名市领导和15个市直单位负责人前往大源村，研究解决问题。

参会的党政干部认为，大源村的突出问题是基层党组织的组织力不强、党员干部队伍能力素质不足、社会治理难度大等。对于包括城市更新在内的基层治理，张硕辅提出：一是坚持规划引领，科学编制发展规划，确立未来发展愿景；二是创新基层治理体制机制，学习借鉴北京"吹哨报到"改革经验，推动管理重心下沉，制定实施把工作落实到网格、把问题解决在一线的行动方案，落实"四议两分开"，激活基层治理的"神经末梢"；三是提升党组织的组织力和战斗力，落实党支部工作条例和农村基层工作条例，充分发挥包括流动党员在内的所有党员的先锋模范作用，通过党的建设整合力量资源，切实把党的政治优势、组织优势转化为村社治理优势；四是市区镇村四级要上下联动，有关部门要充分发挥职能作用，在各项工作中形成示范。为了强化基层党组织的组织力，大源村开展了以下工作。

（一）强化落实"两代表一委员"机制

广东省委常委、广州市委书记张硕辅，广州市委常委、市委秘书长潘建国，广州市应急局副局长、党组成员张岳炎，市（区）党代表、区人大代表、白云区委常委、区委组织部部长张建如，区党代表、区人大代表、白云区大源街党工委委员、书记刘导平等人，成为大源村的"两代表一委员"联络人，并在村党群工作站信息栏公示。该机制旨在将党两代表一委员的履职从每年"两会"延伸到平时，从会场延伸到社区基层；由于上述代表和委员，在广州党政体系处于相对较高的权力位阶，大源村的"两代表一委员"为在他们投入城市更新治理提供了履职平台，也为畅通社情民意提供渠道。

（二）市、区派出第一书记脱产驻村

广州市派原市公安局治安管理支队副支队长洪润苗、白云区派原区法院彭志良法官担任第一书记，力求发挥第一书记"头雁"效应。洪润苗到任以后，为深入基层了解情况，将自己的微信二维码张贴到辖区网格公示牌上。大源村设立了村"大党委"，推动实现"一经济社一支部"全覆盖，优化和完善了村党委、23个经济社党支部，把区域内18个"两新"党组织和3个社区党组织全部纳入村党委管理，消除党建空白点和盲区。"推行'四议两公开一报告'制度，各经济社包括村里的重大事项，需要先由党组织提议，'两委会'商议，党员大会审议，村民（代表）大会决议，重大议题提交党员大会审议前，还要向镇党委报告，并召集经济社党员和村民代表充分讨论酝酿。"

（三）开展"有呼必应"治理资源下沉

建立党群服务中心办事大厅，通过办事权限下沉，使村民不出村就能办理部分业务；按照社区、片区、小区、楼宇、商区等不同区域特点，在全村划分出111个网格，212个党员责任区，每个党员均去网格报道；太和镇驻村的各类队伍统一归村党委统一调配，上级部门下沉城管20名、公安8名、经济管理10名工作人员；赋予村向镇、区部门的"呼叫权"，规定区直部门的考核权重有50%由镇党委打分，使考核从过去的"上级

考核下级"变成"双向测评",使机关和基层群众、党员和干部的位置关系发生转变。

在城市更新涉及的环境整治和产业升级中,大源村的几项工作都取得了较为显著的成效。在沙坑涌的整治中,村委、经济社、网格员等各方合力,通过深入细致做群众工作,清理"散乱污"企业,拆除沿途的违法建筑,最终周边拆迁面积达3万平方米,使人居环境大为改观。关于村内5000多家电商经营户的产业升级,创新"党建+社建"模式,通过党建联席会议制度、共治议事会,拓展经营者参与社会治理的途径和方式。通过多方努力,个体电商被引入电商产业园,在此基础上开展孵化转型,打造现代物流总部基地。

四 小结

从治理体系看,广州的党政体系对城市更新工作既有常规性的引领也有对具体工作的直接渗透,行政体系通过机构改革不断调整日益完善,以规则制定为核心的法治体系提供了相关保障,目前逐步拓展以公众参与为核心的自治体系。从治理能力上看,不同体系的资源掌控能力不够均衡,广泛渗透能力尚待协调,快速回应能力有待提升,但总体而言及时创新能力初步呈现。

广州在城市更新中,以强化基层党组织的组织力开展的大源村城市更新体现了基层党组织在社会治理中的独特作用。党组织在大源村城市更新中不仅发挥了领导资源的作用,而且转化成为实际治理主体,为通过基层党建方式回应社会治理棘手问题提供了具有中国特色的治理范例。在大源村城市更新中,党建引领的基层治理形成"大党委""四议两公开""有呼必应"等制度化成果,体现了党建引领社会治理的制度化探索。

第七章　广州市域社会治理现代化升级的对策建议

在广州社会治理中,在纠纷化解、公共安全、环境治理、人口融合和城市更新领域,权力体系和社会领域的创新实践,取得了积极的治理效果,对传统治理模式进行了适度转型。从中我们可以抽离出以下几种治理模式,分别代表现代化转型的不同取向:一是支持专业社会力量参与纠纷化解,体现出多元化的治理现代化趋势;二是依托新技术手段开展公共安全群防群治,体现出智能化的现代化治理趋势;三是"行政+法治+社会动员"模式进行的环境治理,体现出法治化的现代化治理趋势;四是以专业社会组织结合行政管控开展人口融合治理,体现出多样化的现代化治理趋势;五是以强化基层党组织的组织力开展城市更新,呈现了党建引领社会治理的制度化探索。[①]

[①] 上述治理模式与治理领域的关系是代表关系,如在城市更新治理中,存在以强化基层党组织的组织力开展的治理情况,同时也存在支持专业社会力量参与等其他类型的治理;但由于基层党组织推进的治理实践在城市更新中的实例较为突出,在此抽离出以强化基层党组织的组织力的治理模式作为代表,而将支持专业力量参与情形在其他治理领域予以提炼。

表 7-1　　　　　　　广州社会治理现代化转型模式

治理领域	治理模式	现代化升级的突出方向
纠纷化解	以专业律师为代表的多元主体参与	多元化、制度化
公共安全	"群防群治"加智能化，1加1大于2	智能化、民主化
环境保护	用社会治理思维替代单纯的工程治理模式	法治化、民主化
人口融合	以服务为导向的"政社协同"	多元化、民主化
城市更新	强化基层党组织的"政治引领"	制度化、多元化

在国家—社会关系框架中，上述不同治理模式整体呈现出治理资源从以党政体系为中心的国家领域向由个人、社会组织和专业力量形成的社会领域进行流动的趋势。上述创新模式尽管发生在不同治理领域，但实际上可以超越具体领域、针对不同类型的治理问题有广泛应用。但同时，不同的治理模式也反映出广州社会治理的一些根本性问题，为我们深化社会治理改革奠定了实践基础，也为提出具体对策建议提供了方向指引。

一　广州市域社会治理转型的主要特点及成效

本研究的案例分析充分证明，以党政系统为代表的国家力量在市域社会治理各个领域、各个层面的绝对主导地位，也是市域社会治理现代化的引领者和统筹者，也是治理创新最重要、最核心的资源提供者。但同样清晰的是，处于绝对主导地位的党和政府并非简单的"包揽一切"，而是有意识地调动多种社会力量和社会资源来解决复杂的城市治理问题，提高政策制定的科学性、认受度，提升政策执行的效率和效果，克服党政体系在资源筹措、灵敏度和灵活性等方面存在的缺陷。在民商事纠纷化解、社会治安、环保、外来人口管理和城市更新等多个重点城市治理领域，党和政府甚至主动培育和支持专业社会组织，开辟制度化的社会参与机制，主动引导社会力量参与日常治理。在环保、人口融合和城市更新这几个领域，在党和政府引导下有序发展起来的有组织、专业化的商业和民间力量甚至能够主动参与政策制定，成为治理改革和创新的主体，对国家治理起到延展、补充乃至反向赋能的作用。这给我们的启示是，在社会治理中，需要提升对社会领域治理资源的运用，激活社会领域的治理动能，开展从后端走向前端、从单一走向多元、从单向走向互联的根本性治理观念变革，吸纳社会力量对国家治理势能进行承接，促进社会治理体系的进一步完善，也为社会治理创新提供额外的动力。

需要指出的是，在广州地方治理实践中，对社会领域的开放和吸纳具有不同的表现形式，取得的效果也不尽相同（见表7-2）。相对而言，在民商事纠纷化解这个专业化要求较高的领域，政府引导的社会参与也具有很强的专业性，实现的效果（比如纠纷是否减少？是否能够降低法院压力？）比较显著。在社会治安和公共安全领域，以政法和公安部门为核心的党政体系扮演着绝对主导地位，而且治理能力随着近年来科技手段的广泛深入渗透得到快速提升，对以"群防群治"为代表的社会参与的实际依赖程度比较低的，类似"广州街坊"以及广州市下辖各区推出的各种群防群治创新，对治理的贡献更多体现在公众认受度和社会合法性的提升上。不过，本书的案例分析也证明，通过互联网社交媒体和大数据技术的结合，以"广州街坊"为代表的群防群治的确增强了国家权力机关对流动人口、城中村以及基于互联网的各种新型犯罪的防打效果。

环境污染治理领域专业性非常强，基本上由技术官僚和科学家主导，长期以来按照纯粹的工程技术路线开展治理。但由于许多污染问题（特别是本书关注的垃圾分类和河涌污染）涉及大规模的公众行为和社会利益调整,还涉及复杂的跨区域、跨部门、跨层级协调,单纯的工程技术治理模式难以奏效。广州政府近年来认识到动员社会参与和社会资源对解决以上治理挑战的重要性,但决心和针对性都不够强,对提升治理效果起到的作用不够明显。

广州的农村人口城市融合和城市更新这两个重要的城市治理领域具有很强地方特色,这两个领域的治理主体、治理对象、治理空间和治理变化过程实际上也存在很多交叉重合。这两个领域有一个共同的特点,那就是包括商业组织和民间组织在内的社会力量参与都呈现出较强的自发性和自主性,也在一段时间内为广州在这两个治理领域提供了重要的创新动力甚至是实打实的创新成果。2015年以来,这两个关联度很高的领域在治理体系、治理能力和更为整体性的治理模式等方面都出现了重要的变化。特别是在城市更新领域,随着自上而下的政治压力的增加,以及治理空间延伸到更加外围、条件更加复杂的街镇,地方最高政治领导层直接介入的"党建引领"模式开始成为广州新一轮城市更新的新特点,也对已有的行政体系和社会治理体系带来了新的冲击和变化,出现了新的制度体系、组织体系甚至是价值体系的建设探索。

表7-2　　　　　　　　五个代表性治理模式的基本情况

领域	治理体系	治理能力	治理效果
纠纷化解	专业社会力量发展成为纠纷化解主体,对以正规司法机构为中心的治理体系进行补充	正规司法体系专业性强,但人力资源短缺;专业社会力量参与能够提供额外的人力资源,降低司法体系压力,降低纠纷化解的财政和社会成本	体现了多元化的现代化治理趋势;但是尚未充分发挥作用,对纠纷化解治理体系的补充作用有限

续表

领域	治理体系	治理能力	治理效果
公共安全	依托新技术手段广泛吸纳社会力量从前端参与治理活动，形成高效开放的公共安全群防群治格局	全方位动员不同治理体系，资源掌控能力较强，治理力量广泛渗透，具备迅速调试和及时创新的能力	体现了智能化的现代化治理趋势；取得了治理效果，发挥了维护公共安全治理积极作用，但持续运行需要长期维护
环境治理	专业行政体系主导，注重正规法律体系配套，较为注重公众参与，并为公众参与搭建了制度化的渠道，形成了行政主导、行政体系和社会体系共存并且良性互动的治理体系	具有高度的专业性，行政能力和法治能力持续提高，但与治理目标的实现仍然存在差距；包括企业和民间组织在内的社会力量能够提供额外的技术解决方案、社区层面的社会动员能力，减少政府的财政、人力甚至合法性成本	对涉及人群规模较小、治理对象比较简单的污染问题更有效；对涉及人群规模较大、涉及利益广泛的污染问题效果较差
人口融合	治理目标转变较大，甚至存在明显波动，行政体系较年轻，制度搭建仍在不断完善过程中；存在相对较发达的社会治理体系，包括政府培育的社工组织体系以及外来社群内生的自组织体系，后者在过去十年不断被行政体系吸纳	行政体系面向流动人口及其聚居社区的专业治理能力仍然薄弱；专业社工组织和其他类型的社会组织数量较多，专业能力较强，能够对政府提供额外的人力、技能甚至是合法性资源的补充	在规模较小、原有组织基础较好、族群构成较简单的社区更有效，在规模较大、族群和利益构成较复杂的外来人口社区效果较差；在服务供给方面较有效，在促进参与、赋能和公共资源均等分配方面效果较差
城市更新	在大源村乡村治理模式的治理能力薄弱阶段，政治体系作为超强治理力量衔接自治体系和行政体系，建构了此阶段的治理秩序，并促成后续行政治理体系的建立	党和政府直接控制的人力、物力资源不丰富；但是由于党组织具有较强的组织性和号召力，各种治理机制可以顺畅运行、迅速创新和及时调试	体现了党建引领社会治理的制度化探索；在相对较短时间内成效显著，但是需要后续开展常规性行政、法治或者自治体系建设

通过对不同模式下治理资源分布和能力效果的观察，我们可以看到，不同治理模式具有不同的现代化侧重方向。由于不同的治理格局呈现出不同的治理能力和效果，在社会治理中应当针对具体问题的特点慎重考量，妥善适用。

（一）吸纳专业社会力量参与的治理模式

支持专业社会力量参与民商事纠纷化解，主要指在原有的纠纷化解机制之外，吸纳专业力量投入社会稳定风险防控，使律师和其他专业人员、社会组织成为化解社会稳定风险的主体和渠道。在专业社会力量发挥治理主体作用的治理格局中，重点需要政治、行政或者法治体系赋予其权威。在社会力量参与纠纷化解或其他类型的公共治理时，可以通过立法授权赋予其公共治理职责，或者通过行政委托等形式保障其治理活动具有充分依据。当前，各种纠纷大多集中在司法领域，最主要的原因是专业社会力量参与纠纷化解的权威性不够、公信力不足。事实上，在律师等专业力量主导下的纠纷调解，与人民法院所做的司法调解专业性程度相当，但是由于不能够得到相同的强制执行力的保障，所以当事人一般不会倾向选择法院之外的调解方式，而这也成为法院的案件数量居高不下的重要原因。如果专业社会力量参与治理没有得到充分赋权和保障，将无法取得公信力，无法广泛推行。

当前广州纠纷解决体系相对完备，但是各种纠纷案件仍然主要集中在司法领域，社会领域纠纷化解力量对于案件的分流作用不够明显。其中另外一个原因是，社会公众对专业社会力量参与纠纷化解渠道的认知程度不足，在发生纠纷的时候很少选择司法之外的纠纷化解途径。在纠纷化解社会治理中，需要向社会公众广泛宣传专业社会力量参与的纠纷化解渠道，促进全社会实现普遍的公众认知，才能使专业社会力量融入社会治理格局，成为发挥实际效果的治理主体。

（二）数字化智能化时代的群防群治2.0模式

以互联网和大数据等新技术支撑的群防群治，进一步发挥了人民群众的治理主体作用，使快递员等从业人员成为公共安全风险防范的信息渠道。从广州的治理效果看，依托新技术手段吸纳人民群众参与公共安全治理，取得的成效相对较好。在这种模式下的治理体系，政治、行政、法治和社会体系充分整合，各方面治理资源被广泛调动，呈现出相对较强的治理能力，治理体系在资源掌控、广泛渗透、迅速调试和不断创新方面都具有一定的优势。

在面向公共安全类社会治理时，由于违法犯罪行为具有公共危害性，根据中国的法律，公民具有举报的权利和义务，治理模式的推广顾虑因素相对较少。但是在其他领域复制推广依托新技术手段吸纳人民群众广泛参与的治理模式时，需要着重考虑新技术运用以及参与者行为的合法性问题，重点要关注是否可能引发侵犯他人隐私权、名誉权等。而且，由于新技术是吸纳人民群众参与公共治理的重要依托，对于应用技术过程中是否会引发信息泄露等问题，也需要予以足够的重视。依据大数据等手段吸纳群众开展群防群治等治理活动时，参与活动的法律边界以及对参与活动的及时回复，是工作中应当予以着重考虑的内容。

（三）从工程治理到综合性的社会治理模式

"十三五"以前，广州的垃圾分类和河涌污染基本上按照工程技术治理的模式推进，专业行政部门和工程技术专家扮演绝对的主导角色，法规政策的出台和执行也有这些专业经营主导。但工程治理模式非但没能有效解决污染的技术问题，还制造了新的社会问题乃至政治问题。2012年以后，两个城市环境污染的"老大难"问题的治理思路都开始朝着更加综合性的社会治理模式转变。

在垃圾分类领域，单纯的工程技术思路一度引发群体性事件，带来了巨大的社会和政治成本。2012年开始，广州市决策者开始在这个领域同时推进专业行政体系、正规法治体系和社会参与体系建设，逐渐形成"行政+法治+社会动员"的综合治理模式，广泛调动了不同类型的治理资源，扩大社会宣传、促进公众参与。但是，行政体系职能作用的发挥相对薄弱。当前需要相对强有力的行政体系履职活动保障相关规定落到实处，一方面要体现在建设垃圾分类厂等硬性基础设施建设之中；另一方面要体现在相关的执法活动之中，而且执法不局限在面向社会公众的处罚，还包括向承担分类运输、接收垃圾的企事业单位的执法，要将重点放在对体制内相关职能部门贯彻落实垃圾分类工作不力、履职不足的惩戒或否定性评价之中。

在河涌污染领域，工程技术思路被证明无力有效应对跨行政区划、跨部门、跨流域、跨层级的协调问题，更无力应对水体沿岸环保与民生的冲突。广州市政府从2014年开始针对河涌污染引入"河长制"，通过将工程技术和公共管理问题转化成政治管理问题，建立政治责任制，克服治理疲软的问题。2015年以后又逐步探索建立了民间河长制，为社会力量参与河涌污染治理开辟了创新性的制度化渠道。

相比较而言，河涌治理的政治介入力度和强度要高于垃圾分类领域，前者的责任制、处罚严厉程度和执行力度都超过后者；在治理思路上，河涌污染治理整体朝着党政体系内部协调性强化、规范化方向发展，而垃圾分类朝向强调党政引领的国家统合主义的动员模式发展；在自治体系建设上，垃圾分类没有形成类似于民间河长制一样有执行力的公众参与制度，也没能涌现有能力、有影响力的社会组织。

广州垃圾分类、河涌治理都体现出社会力量和国家力量的合作关系。从治理模式的可复制性、常态化角度看，政治角色作为直接治理主体的频率相对较低。垃圾分类强化法治体系的作用发挥，促进治理模式良性发展的改革方向更为具有常态意义。当"法治+行政"模式在实际治理中遇到障碍时，可以引入政治系统的力量予以支持和引导，参考河涌治理中政治力量的作用模式，发挥中国特色社会主义政治体系的独特力量，统筹协调不同类型资源开展治理活动。

（四）政府有效引领的政社协同治理模式

从限制性管控向全方位融合的人口治理，打造出"专业社会组织+行政管控"治理的成功范例，在组织化建构社会治理主体方面做出有益探索。专业社会组织结合行政管控的治理格局，治理资源丰富，治理机制可以广泛渗透、迅速创新并及时调试。在三元里松柏岗社区，行政体系与社会领域的社工组织在人口融合治理上进行了充分合作，社工组织在服务外来工过程中搭建了"五个一"治理平台，形成了当地独特的治理体系；从治理能力看，行政管控与社工服务的结合，使当地聚集了开展人口融合的人力、物力资源，促进了治理权力广泛渗透，提高了对具体问题的治理能力，使专业社会组织的服务效能对行政体系管控效能发挥了补充作用。可见，"行政体系+社工组织"模式在公共行政对主管部门的服务需求较为强烈的领域具有广泛适用性。

"专业社会组织+行政管控"模式面向的社会治理问题，主要存在于公共行政对主管部门的服务需求较为强烈，需要社会领域予以补位的情况。以人口融合工作为例，仅依靠行政管控无法完成，需要丰富的服务性工作支撑才能顺利推进。而如果治理问题是原有行政管控体系内部协调性不足、执行力不够，仅凭专业社会组织的合作并不能充分提升治理效果时，提升治理能力的重点还在于提升行政效能。社会力量和行政管控之间是互相补充关系，并非是替代关系，原有行政体系的法定职权仍然需要严格依法履行。

（五）强化基层党组织统领能力的治理模式

以强化基层党组织的组织力开展的城市更新，使基层党组织从领导资源成为实际治理资源。在大源村城市更新中，当传统农村治理模式面临快速的城市化进程回应乏力时，政治体系作为超强治理力量，高效弥补了治理缺位情形，形成以政治资源为核心的强有力治理体系，建构了治理秩序，较快较好地取得了治理成效。但是从治理能力角度看，以政治力量为核心的治理体系直接掌控的资源相对并不丰富；除基层党组织的党员作为人力资源之外，大源村整治阶段治理体系直接控制的物力资源相对有限。尽管由于党组织的组织性和号召力，通过对党员的纪律要求实现了治理权力广泛渗透、迅速回应和及时创新，但是在为期三年的大源村治理即将结束，部分派驻、下沉资源即将撤离时，以党组织为直接治理主体的状态需要后续常态化的治理体系予以衔接，为此广州设立了城镇化的行政治理体系——大源街道。

大源村以强化基层党组织的组织力开展城市更新的积极成效表明，政治力量直接作为治理主体的模式，适宜短期集中适用，在通过党建引领社会治理集中高效地突破重点难点问题的同时，要着重探索常态化机制的设立方向，为后续治理奠定基础、提供引领和保障，实现政治力量为主导的治理机制与后续常态化治理力量的衔接。

二 完善广州市域社会治理体系的宏观对策

市域社会治理现代化是国家治理体系和治理能力现代化对广州城市治理提出的转型要求。在治理主体上，要实现多元化发展，通过国家、政府、社会、个人多元力量统筹协调联动促进社会治理新秩序形成。在治理方式上，要拥抱移动通信、大数据、开源技术发展成果，通过新技术应用更直接敏锐地获得治理信息，进行更高效精确的决策。从治理目标看，要形成共建共治共享治理格局，扩大公众参与公共决策制定和执行，促进社会治理转型。从治理过程来看，要巩固现有治理成果，鼓励和支持多主体参与治理创新，为高水平社会治理提供有效的制度支持，提升治理能力。

当前广州积极探索，以扩大公众参与为核心做出了各种模式创新，地方治理主体多元化格局形态初显，以协商为核心的多样化治理已见成效，社会治理模式制度化探索已具备基础，社会治理过程法治化实践全国领先。为了促进社会治理现代化的进一步发展，广州需要对社会治理创新进行全面布局，形成市域社会治理现代化工作全市"一盘棋"，将已有的工作成果纳入市域社会治理现代化工作范围予以提炼和总结，形成广州社会治理现代化的亮点和特色。

（一）高度重视，以高水平制度建设支撑市域社会治理

探索建设市域社会治理现代化工作全市"一盘棋"，对社会治理创新实践工作进行制度化工作布局。一是将市域社会治理现代化工作纳入广州"十四五"规划的重要工作，作为广州"四个出新出彩"实现老城市新活力的新实践。二是深刻认识和领会在地方治理中国家、省和市的不同权限，针对广州根据

"设区的市"立法权限受到局限的内容，积极反映情况并争取上级支持，同时加快固有职权的探索和创新。三是由市人大牵头制定广州探索建设市域社会治理现代化先行示范区的决定，作为推进工作的纲领性文件，对于市域社会治理体系、主体、方式、模式和过程做出制度指引和规范。

（二）紧跟前沿，以智能技术加速市域社会治理变革

感知前沿，应用5G背景下智能化市域社会治理技术。一是依托《广东省加快5G产业发展行动计划（2019—2022年）》的示范重点领域"5G+智慧教育""5G+智慧医疗""5G+智能交通""5G+智慧政务""5G+智慧城市"，形成"5G+市域社会治理"综合领域，将维稳、治安和公共服务等工作纳入5G端口。二是探索"5G+市域社会治理"科技应用的广州标准。抓住新技术对社会生产的组织体系和城市治理的深刻变革机遇，在广州社会治理相对薄弱环节换道超车，在网络安全、信息安全、数据保护中抢占标准高地，为全国"5G+市域社会治理"创立可复制操作程序、技术标准，形成市域社会治理中核心原创的广州技术。三是通过大数据分析社会治理工作的目标制定、过程跟踪、结果考核，开发上述三大智慧管理系统，运用智能手段为社会治理工作提供规范指引，保障相关工作顺利推进。

（三）适应规律，稳步提高城市治理社会参与度

在应对社会治理突出问题"防风险、解难题、补短板"中，培育多元化社会治理主体。一是激活社会治理主体的存量资源。支持各级党组织、经济组织和社会组织参与社会治理，对参与社会治理表现突出的组织给予物质或者精神奖励；在应对城市公共问题中，鼓励人人参与并树立坚守阵地意识，形成全社会积极参与社会治理的风气。二是培育社会治理主体的新生力量。

针对城市更新、环境治理和基本民生等问题，由主管部门联系相关行业协会、社会组织献计献策，吸纳民间力量成为社会治理主体，积极宣传模范带头人物事迹并树立典型。三是充分发挥专业组织的社会治理力量。支持专业性社会组织参与纠纷化解，进一步发展广州仲裁行业，引入国际上具有影响力的仲裁、调解机构落户广州，开展社会治理的同时提升广州国际形象。

（四）解放思想，积极培育和引导多元治理主体

完善基层民主创新实践，将不同类型的成功治理模式予以延伸，对较为成熟的治理模式开展制度化实践探索。一是鼓励基层群众广泛参与社会治理创新实践，支持人大、政协、民政、社工等部门深入开展基层治理创新实践调研，为基层治理创新实践提供人、财、物支持，对其发展提供专业帮扶。二是在人大、政协、政府职能部门设置基层民主创新模式对接渠道，通过设立专门机构和工作组织回应社会领域的问题和需求，确保基层治理创新实践中的群众意见可以有效输入相关部门。三是依托社科院、高校以及国内外研究机构，形成一系列关于协商民主、公众参与、共建共治共享社会治理格局的研究成果，促进社会治理领域的基层民主创新制度化转化，在全市、全省以及全国推广。

（五）依法治理，形成法治化市域社会治理氛围

建设法治政府和法治社会，促进政府依法行政、企业合法经营、市民守法行事。一是研究制定关于社会稳定、社会治安和公共服务中重点事项的政府规章，规范市域社会治理主要工作，使市域社会治理工作做到有法可依。二是进一步强调行政执法公开，规范行政行为程序，确保行政机关在市域社会治理中的积极作为不越权，不侵犯公民合法权益；对于行政机关侵犯公民和社会组织合法权益的情形，及时进行国家赔偿或者国家补偿。三是加强法制宣传，引导社会主体将矛盾导入纠纷解决程序；打通社会领域纠纷化解方式与司法执行之间的壁垒，探索律师调解结果的司法执行；深化现代市场监管体系和社会信用体系建设，培育形成市场及社会主体的自律意识。

三　提升广州市域社会治理能力的具体建议

（一）补齐短板，强力保障纠纷化解结果执行

一是加强推进司法执行，加大对阻碍执行的打击力度。深化执行威慑、加强执行惩戒。通过开展重大执行行动启动仪式，深化威慑机制，拓展失信惩戒的范围和深度。加大财产处置力度，严肃开展网络司法拍卖工作，并对网拍司法工作予以配套保障，保护买受人的合法权益。规范执行行为、公开执行信息，落实便民诉讼联络员协助查找被执行人制度，严厉打击规避行为和拒不执行行为。加大宣传力度，营造声势，对专项执行活动进行专题报道。增强执行工作的透明度，施行执行案件流程信息全公开。

二是运用新技术促进执行。充分运用新技术，促进社会纠纷化解。一要加强互联网法院建设，促进互联网仲裁进一步发展，使信息技术的发展全面渗透到纠纷化解之中。在纠纷化解之中充分运用各项新技术，开发微信小程序、App，使当事人足不出户就可以完成纠纷化解。二要关于涉外商贸纠纷等复杂的国际纠纷，进一步拓展ODR平台建设，使国内的诉讼、仲裁以及调解对接境外纠纷解决机制。三要在法院内部进一步实现繁简分流，将细小的、容易解决的纠纷过滤至调解方式去化解，将适合诉讼外解决的纠纷过滤至法院外部力量化解。

三是为社会参与提供制度保障。一要鼓励社会力量参与纠

纷化解，由行业主管部门引导行业协会、商业协会建立纠纷化解机构，鼓励社会组织纠纷解决机构加大宣传力度，引导行业会员、社会公众选择社会纠纷化解机制，以低成本、高效率的方式化解矛盾纠纷。二要加强对律师调解等结论的司法支持，通过司法确认律师调解文书的效力，保障律师调解书具有司法执行力。建立市级律师调解人员库，吸纳律师加入人民法院特邀调解员名册；探索建立律师调解工作室，鼓励律师参与纠纷解决；支持律师加入各类调解组织担任调解员；创新律师调解方式方法，推动建立律师接受委托代理时告知当事人选择非诉讼方式解决纠纷的机制。三要加强对人民调解员制度的广泛宣传，对人民调解员进行专业培训，吸纳具有专业知识的人员积极参与人民调解，促进共建共治共享的纠纷化解机制的建立。

四是建立纠纷预警机制。协调不同渠道的纠纷化解资源，共同建立纠纷预警机制，尽量从源头、前端发现纠纷的苗头，从早从快化解纠纷，避免纠纷扩大化。需要党政系统梳理各类常见纠纷的发生特点，制定专业应对方案。对于已经发生过纠纷的社会问题，将其列为风险关键点，持续对其进行跟踪研判，避免引发后期的纠纷。对于社会纠纷中属于法律问题的情况，引导其进入司法解决渠道，尽量减少法律纠纷通过非司法渠道解决，影响司法公信力的同时妨碍党政体系的良性运行。

五是协调相关资源。一要发挥基层司法所业务指导作用。对于司法所主动参与的群众纠纷案件，发挥工作人员调解业务熟练、法律知识完善等优势，促进当事人双方沟通，调节当事人情绪，同时整合村干部、村综治网格员的作用，共同参与调解，化解群众纠纷。二要发挥村居法律顾问作用，规范法律服务，提供法律咨询。由司法所、当事人与法律顾问共同参与，利用专业、高效的法律服务，为群众提供精准的法律咨询，特别在合同纠纷、经济纠纷等方面给予专业指导，提高矛盾纠纷化解实效。三要加强培训，切实提高行政调解员队伍化解矛盾纠纷的工作本领。着重培训社会热点、难点及群众关注较多的法律法规知识和调解工作方法技巧，提高服务群众、化解矛盾的本领，同时将当前农村产权制度改革、土地流转等纠纷化解经验纳入培训范围。

（二）协商共治，发动群防群治维护公共安全

一是强化公共突发事件应急机制，补齐公共突发事件治理能力短板。一要在社会治理体系建设中设置并提升公共突发事件应急机制的地位，确保多元主体可以依据智能化技术手段通过多种形式参与应对公共突发事件，使社会治理能力的提升重点覆盖应对公共突发事件。二要制定公共突发性事件应急工作预案，针对突发性社会治安事件、公共卫生事件或者自然灾害等制定动态的综合性、分领域和具体化工作预案，确保公共突发事件中公共卫生、基层治理、社会救助、交通运输、物资保障等部门的工作有的放矢。三要全面排查应急工作的隐患，做实做细各项具体工作，对公共卫生环境进行彻底排查整治，补齐公共卫生短板；系统梳理城市储备体系短板，提升储备效能，优化关键物资生产能力布局。

二是推动社会治理权力下放，形成市—区决策，街（镇）组织，社区议事的治理格局。一要明确市、区、街（镇）的事权和责任划分，避免决策者和行动者分离的情况。二要进一步推动城市治理力量下沉到街道（镇）。三要完善街（镇）以下居民自我治理、自发组织的机制建设，使得党政力量和常住居民形成互动场域。

三是完善党建引领的城市基层社区治理模式创新。一要充分发挥基层党组织的领导和串联功能，加强基层社会治理的联动性和整体性。通过加强党员到社区报到和义务劳动，加大辖

区内党政部门、企事业单位和社区居民的党组织联系，加强基层社会的信息交流和行动协调，提升基层党组织在社会治理中的权威和领导能力。二要加强基层党员议事制度建设，建立党员议事和居民议事两层民意反馈机制，提高基层党组织对社情民意的收集能力，搭建党组织和普通居民之间的沟通桥梁。

四是引导社会力量投入公共安全治理。特大城市现行治理体制最主要问题在于社会主体参与不足，政府作为单一主体承担的责任过于宽泛，社会治理过度依赖自上而下的行政治理手段。一要推进社会组织建设，发挥社会组织在城市多元治理中的作用，社会组织作为政府和公众之间的润滑剂和黏合剂，化解政府与公众之间的直接冲突风险，保证社会稳定。二要加强社区自治活动，通过基层选举、制定社区公约，加强社区文艺体育活动组织，提高常住人口的参与感。三要创设社区服务公益活动，提高社区居民的治理渠道和参与感。

五是强化对侵权等违法行为的打击力度，改善公安机关将违反治安管理处罚法的严重侵权行为界定为民事纠纷而不予处置的情形，避免此类违法行为扩展成为社会矛盾的风险隐患，扩大成为严重、恶性的公共安全事件。关于集体诉讼、行政诉讼以及严重刑事犯罪等案件，开展信息公开、研判，通过白皮书等形式进行信息发布，扩大法律宣传，提升公众的法律认知，建立多部门处置相对复杂、棘手社会纠纷的联动机制。关于不同类型的纠纷，建立分级预警，针对紧急程度、风险程度的差异，确定不同的应对级别，制定不同的应对措施。

六是加强大数据和信息技术在社会治理中的运用。一要充分运用多元化、多层次的数据，如城市公交、城市外卖、人口流入等数据，加强数据的集中统一管理和挖掘，为掌握社会基本情况和开展治理活动提供参照、参考和指导。二要加强信息化建设和智能化建设，提升智慧城市社会治理水平，加强不同政府部门之间的数据流通和信息流通，以及全市"一盘棋"的信息化治理格局，防止不同部门之间的数据孤岛现象，提高数据的流动性和交互性提高城市运转效率。

（三）以法治和社会参与为核心，切实推进超大城市生态治理

1. 针对垃圾分类的对策建议

一是重新强化固废办。固废办在 2012 年成立之后曾经对推动广州垃圾分类工作发挥了重要作用，但在 2014 年以后逐渐弱化。应当结合垃圾分类三年行动计划重新强化固废办的职能，由较高级别的行政领导担任主任，切实增强其跨部门协调能力，以固废办作为发起者建立常态化的多部门联合执法机制。

二是完善社会监督员制度。参考民间河长制度，完善垃圾分类社会监督员的招募、培训、奖励制度。一要在完善招募制度的同时，建立退出机制，确保监督员队伍具有较强的工作主动性和工作投入热情。二要对招募的监督员开展定期的垃圾管理、环境保护和社会工作知识以及法律政策培训。三要政府给予监督员明确职责授权，避免争议。四要完善现有奖励制度，明确对监督员发现和举报违法行为的奖励规则。

三是支持和培育社区自组织。依托社区居民的自我组织和自我管理，支持并培育专业化社会组织。政府投入更多资源到社区自组织的孵化和培育工作之中；通过购买服务等方式，与一些具有较丰富社区组织培育和社区工作的本地甚至外地社会组织合作，让这类社会组织扮演支持性机构角色，由这类组织在政府指导下发掘和培育长期关注垃圾和环保议题的社区组织。

四是以大数据促分类。出台清晰、可操作性的方案，促进目前大量推广安装的数字化分类垃圾桶采集有效数据，发挥引导居民分类投放的实效。由职能部门尽快出台整体性的大数据垃圾分类管理路线图,将大量企业同构数字化设备采集到的数据共享给职能部门,辅助政府决策和支持面向居民的动员。

2. 河涌治理对策建议

一是进一步完善法律法规,以法治化手段提升河涌治理的权威性和可持续性。通过与垃圾分类的比较借鉴,探索制定关于水污染管理的综合性地方法律,进一步明确政府、企业、公民的权利义务。

二是进一步发掘社区组织资源,放大民间河长优势。重点加强民间河长和相关志愿者组织同在沿河社区扎根的社工组织的合作,充分发挥社工组织在社区动员方面的专业性。建议政府以专项购买服务的形式,在重点河涌打造社工组织同民间河长的协作样板。

(四)开辟多元立体的公共参与机制,打造流动人口融合广州样本

一是进一步降低来穗人员城市融入的制度门槛。尽快出台来穗人员服务管理地方法规,细化配套性政策,对来穗人员享受的公共服务、权利及其应尽的义务做出更细致、公平的规定。进一步放宽并且完善积分入户制度,稳步增加积分入户名额。

二是以制度化手段促进流动人口参与城市治理。一要认真落实《选举法》,增加市级和区级农民工人大代表提名,尽快结束在大量的农民工中没有人大代表的局面。二要以地方性法规的形式,明确规定外来人口比例过半的街镇和村社议事机构设置固定的外来人员代表席位。三要以地方性法规形式,明确规定各级工会、妇联等群团组织外来务工人员比例。

三是进一步培育以人口融合为主业的社会组织。一要向社会组织增加外来人口融合项目的政府采购。二要加强对农民工自组织的发掘和培育。重点关注新生代农民工群体中出现的志

愿者积极分子、公益积极分子、公益互助组织、公益性基金会，打造政治可靠、社会美誉度高的品牌项目和品牌机构。三要发掘和培育有地区甚至全国影响力的旗舰型组织。特别是具有较强政策研究能力、筹资能力和孵化能力的支持型组织。

（五）把握趋势，以更规范的制度支撑城市更新

一是协调产权、用途与容量等核心要素。局部细化和创新各类产权制度，统筹推进自然资源资产产权制度改革，对不适应城市更新的土地使用方式作出弹性、过渡性安排。塑造具有地方传统特色的空间场所，提倡渐进式的有机更新方式。落实承包土地所有权、承包权、经营权"三权分置"，开展经营权入股、抵押，探索宅基地所有权、资格权、使用权"三权分置"，加快推进建设用地地上、地表和地下分别设立使用权，促进空间合理开发利用。

二是制定规范的"流程再造"。在城市更新各部门之间，建立联动的工作机制，通过各部门之间的无缝衔接，压减时限。将控规调整多环节融入实施方案编制过程中，节约城市更新项目审查及审批时间，提高行政效能。同时，按程序开展征询意见公示、技术审查、专家评审等工作，将实施方案编制、控规调整必要性论证报告及控规调整草案一并提交城市更新工作领导小组审议。

三是完善公众参与制度。激活公咨委、农村理事会等存量公众参与资源，使政府与民间的合作机制发挥收集意见、传递信息、化解矛盾作用。鼓励第三部门参与城市更新，促进规划、美术、环保、历史文化保护等专业背景社会力量发挥积极作用，使其成为专业知识、技能等信息的来源渠道，并发挥协调、引导、监察和调解作用，保护社区利益不为商业利益吞没。运用激励性政策吸引私有部门对城市更新进行投入，同时维护公共利益，为社区参与创造条件。

四是创新融资机制。通过市场化运作，扩展在老旧小区改造或者商业性旧城改造项目融资渠道，以项目资金覆盖改造成本和费用，实现统一规划建设，统一部署，成片改造。继续探索财政提供公益性设施部分建设资金，工程实施主体以政府支付资金为质押申请融资，专业服务提供方提供建设资金后期收取服务费，配套经营性设施由社会专业经营主体出资建设的方式推进，在后期授予其特许经营权获得经营收益。

附　　录

一　调研访谈目录

1. 5月18日，白云区太和镇Y社区，访谈社工组织工作人员2人。

2. 5月22日，白云区三元里街道松柏岗社区，访谈社工组织工作人员2人，当地居民焦点小组1场，6人参加。

3. 5月25日，白云区三元里街道松柏岗社区，访谈社工组织工作人员2人。

4. 6月22日，白云区乐嘉路93号，访谈街道社工服务站工作人员2人。

5. 6月23日，越秀区白云街家庭综合服务中心，访谈中心工作人员1人。

6. 6月30日，海珠区坚真街道A社区，访谈社区工作人员2人。

7. 7月2日，越秀区捷登都会，访谈广州市新生活环保促进会工作人员1人。

8. 7月2日，花地街道办和家庭综合服务中心访谈，访谈对象2人。

9. 7月6日，天河区白灰厂社区居委会，访谈居委会工作人员1人，街道家庭服务中心工作人员2人。

10. 7月7日，越秀区矿泉街道办，参加座谈会，访谈参会志愿者和社工组织工作人员 4 人。
11. 7 月 13 日，白云区金沙街家庭综合服务中心，访谈中心工作人员 1 人。
12. 7 月 14 日，白云区太和镇 Y 社区党群服务中心调研，访谈中心工作人员 1 人。
13. 7 月 16 日，越秀区白云街道办，访谈街道办工作人员 2 人。
14. 7 月 16 日，越秀区白云街道，访谈新生活环保促进会工作人员 1 人。
15. 7 月 18 日，海珠区滨江东路，访谈匿名志愿者 2 人。
16. 7 月 22 日，白云区太和镇 D 社区调研，访谈社区志愿者 4 人。
17. 8 月 13 日，黄埔区优势力社会工作发展中心，访谈中心工作人员 2 人。

二　关于广州市民纠纷化解态度调查问卷

（一）答卷人基本情况

1-1. 您的性别

　　A. 男　　　　B. 女

1-2. 您的年龄

　　A. 16—20 人　B. 21—30 人　　C. 31—40 人

　　D. 41—50 人　E. 50 岁以上

1-3. 您在广州居住的时间

　　A. 1—5 年　　B. 6—10 年　　C. 11—20 年

　　D. 21 年以上　E. 我不在广州定居

1-4. 您的政治面貌

　　A. 中共党员　　　　　　B. 共青团员

　　C. 普通群众及其他

1-5. 您的受教育情况

    A. 研究生　　B. 大学本科　　C. 大学专科

    D. 高中（普通高中、职业高中、中专）　　　E. 初中

    F. 小学　　G. 未上过学

1-6. 您的职业身份

    A. 政府机关事业单位工作人员　B. 国有企业员工

    C. 外资企业员工　　　　　　　D. 民营企业员工

    E. 私营企业主　　　　　　　　F. 自由职业者

1-7. 目前您的年收入水平

    A. 6万元以内　　B. 6万—10万元　C. 11万—20万元

    D. 21万—50万元　E. 51万元以上

（二）公共参与情况

H2a. 自2018年以来，您是否参加过下列事情？（可多选）

H2b. 如果没有参与过，您是否愿意参与？（每行单选）

		a. 自2018年以来，您是否参加过下列事情？（可多选） 1 参加过 0 没有参加过		b. 如果没有参与过，您是否愿意参与？（单选）		
				愿意参与	不愿意参与	[不好说]
1	与他人讨论政治问题	1	0 --->	1	2	8
2	给报刊、电台等媒体反映社会问题	1	0 --->	1	2	8
3	向政府部门反映意见	1	0 --->	1	2	8
4	参加政府/单位/学校组织的志愿者活动	1	0 --->	1	2	8
5	参加村（居）委会选举	1	0 --->	1	2	8

续表

		a. 自 2018 年以来，您是否参加过下列事情？（可多选） 1 参加过 0 没有参加过		b. 如果没有参与过，您是否愿意参与？（单选）		
				愿意参与	不愿意参与	［不好说］
6	参加宗教活动	1	0 --->	1	2	8
7	参加自发组织的社会公益活动，比如义务清理环境，为老年人、残疾人、病人提供义务帮助	1	0 --->	1	2	8
8	到政府部门上访	1	0 --->	1	2	8
9	参与示威游行、罢工罢市、罢课等行动	1	0 --->	1	2	8
10	在网络论坛/微信/微博上参与热点话题讨论	1	0 --->	1	2	8

（三）关于纠纷化解

3-1. 如果您有一笔债权无法收回，请问您会如何处理？（可多选）

  A. 去法院起诉 B. 申请仲裁

  C. 去公安局报案 D. 找律师咨询

  E. 申请人民调解 F. 其他（请注明）

3-2. 您去政府部门办事遇到推诿或者不理会，您会采取以下哪种方式解决问题？（可多选）

  A. 找部门领导或上级领导解决 B. 投诉

  C. 上访 D. 行政复议 E. 行政诉讼

  F. 其他（请注明）

3-3. 如果您与他人发生纠纷，您认为以下哪种方式最可能让您的问题得到顺利解决？（单选）

A. 报警　　　B. 诉讼　　　C. 申请仲裁

D. 申请人民调解　　　E. 上访

F. 媒体曝光　　　G. 找熟人托关系

H. 其他（请注明）

3-4. 您对社区法律服务中心的看法（单选）

A. 曾经去咨询过，有帮助

B. 曾经去咨询过，没有帮助

C. 只做法律宣传，没有做其他法律服务

D. 知道有社区法律服务中心，但不知道是做什么的

E. 没听说过社区法律服务中心

三　广州市民公共安全公众认知调查问卷

1. 您的性别

A. 男　　　　　　　　　B. 女

2. 您的年龄

A. 18—25 岁　　　　　　B. 26—35 岁

C. 36—45 岁　　　　　　D. 46—55 岁

E. 56 岁以上

3. 您在广州居住的时间

A. 1—5 年　　B. 6—10 年　　C. 11—20 年

D. 21 年以上　　E. 我不在广州定居

4. 您的政治面貌

A. 中共党员　　　　　　B. 民主党派

C. 普通群众

5. 您的受教育情况

A. 研究生　　　　　　　B. 大学本科

C. 大学专科

D. 普通高中、职业高中、中专

E. 初中或以下

6. 您的职业身份

   A. 政府机关事业单位工作人员　　B. 国有企业员工

   C. 外资企业员工　　　　　　　　D. 民营企业员工

   E. 私营企业主　　　　　　　　　F. 自由职业者

7. 目前您的年收入水平

   A. 6 万元以内　　　　　　　　　B. 6—10 万元

   C. 11—20 万元　　　　　　　　 D. 21—50 万元

   E. 51 万元以上

8. 在您了解新闻和消息的渠道中，排在前三位的是（最多选择三项）

   A. 电视　　　　B. 报纸　　　　C. 微博

   D. 微信（含公众号）　　　　　　E. 手机上的新闻 App

   F. 电脑或手机上的浏览器

9. 您对国家当前反腐工作的满意程度

   A. 很满意　　　B. 比较满意　　C. 基本满意　　D. 不满意

10. 您对中国未来两年经济发展形势的判断是

    A. 比现在好　　　　　　　　　B. 基本稳定

    C. 比现在差　　　　　　　　　D. 无法判断

11. 您认为未来两年内中国发生经济危机的风险程度

    A. 很大　　　　　　　　　　　B. 比较大

    C. 基本没有　　　　　　　　　D. 无法判断

12. 中美贸易冲突对您未来一到两年生活的影响是

    A. 很大影响　　　　　　　　　B. 比较大影响

    C. 基本没有　　　　　　　　　D. 无法判断

13. 您认为未来一两年中国与其他国家发生战争的可能性

    A. 很大　　　　　　　　　　　B. 有一定可能

C. 基本没有 D. 无法判断

14. 您认为未来一两年可能影响中国社会稳定的因素中，排在前三位的是（最多选择三项）

   A. 国内经济增长放缓 B. 全球经济放缓
   C. 疫情 D. 中美贸易冲突
   E. 国家政策失误 F. 通货膨胀
   G. 战争 H. 其他

15. 您对目前家庭经济情况的满意程度

   A. 很满意 B. 比较满意
   C. 基本满意 D. 不满意

16. 您预计未来两年内您的家庭收入状况将会

   A. 比现在好 B. 基本稳定
   C. 比现在差 D. 无法判断

17. 您认为未来一两年可能影响您家庭经济状况的风险因素中，排在前三位的是（最多选择三项）

   A. 失业 B. 收入下降
   C. 通货膨胀 D. 医疗支出
   E. 子女教育支出 F. 投资风险
   G. 其他

18. 您采取了哪些措施预防家庭面临的未来风险（最多选择三项）

   A. 增加储蓄 B. 购买疾病、养老等保险
   C. 投资股票、基金、分红保险等 D. 参加专业技术培训
   E. 买房 F. 其他

19. 您对广州社会社会治安情况的满意程度

   A. 很满意 B. 比较满意
   C. 基本满意 D. 不满意
   E. 不好说

20. 您认为未来两年广州的经济发展情况将会

    A. 比现在好   B. 保持平稳

    C. 比现在差   D. 不好说

21. 您认为未来两年可能影响广州公共问题中，排在前列的是（最多选择三项）

    A. 突发治安事件   B. 疫情等公共卫生问题

    C. 环保问题   D. 自然灾害

    E. 政府管理能力下降   F. 大规模失业

    G. 其他

22. 您是否考虑过未来两年离开广州到其他地方工作或生活

    A. 留在广州   B. 到其他一线城市

    B. 到其他二、三线城市（不是老家）

    C. 回老家   D. 移民海外

    E. 没想过

参考文献

一 文集

1. 《毛泽东选集》第一卷,人民出版社1991年版。
2. 《习近平谈治国理政》第二卷,外文出版社2017年版。
3. 《习近平谈治国理政》第三卷,外文出版社2020年版。

二 专著

4. 戴维·莫斯:《别无他法——作为终极风险管理者的政府》,何平译,人民出版社2014年版。
5. 金观涛:《天下·开放中的变迁:再论中国社会超稳定结构》,法律出版社2010年版。
6. 吕拉昌:《首都城市公共安全风险及其治理》,经济管理出版社2018年版。
7. 黄育华、杨文明、赵建辉:《中国城市公共安全发展报告(2018—2019)》,社会科学文献出版社2019年版。
8. 孙建平:《城市安全风险防控概论[Introduction to Urban Risk Management]》,同济大学出版社2018年版。
9. 魏华林、宋明哲、刘伟:《城市风险管理》,中国金融出版社2018年版。
10. 理查德·博克斯:《公民之力——引领21世纪的美国社区》,中国人民大学出版社2013年版。

11. 赵鼎新:《社会与政治运动讲义》(第二版),社会科学文献出版社 2012 年版。

12. 唐燕、杨东、祝贺:《城市更新制度建设》,清华大学出版社 2019 年版。

13. Migdal, Joel S., *Strong Societies and Weak State. State-in-Society: State-society Relations and State Capabilities in the Third World*, Princeton University Press, 1988.

14. Migdal, Joel S., *State in Society: Studying how States and Societies Transform and Constitute One and Other*, Cambridge University Press, 2002.

15. Mann, Michael, *Sources of Social Power*, Volume 1, *A History of Power from the Beginning to A. D. 1760*, Cambridge University Press, 1993.

16. Peng, Lin, Yuan Xu, Huang Zhong, Fengshi Wu, Wanxin Li, "Chronic Non-compliance and Ineffective Enforcement in Guangzhou", *China Policy Journal*, Vol. 1, No. 1, Fall 2018.

三 论文

13. 王绍光:《治理研究:正本清源》,《开放时代》2018 年第 2 期。

14. 张昱、曾浩:《社会治理是什么?》,《吉林大学社会科学学报》2015 年第 5 期。

15. 刘恒:《论我国行政复议制度的立法完善——〈广州市行政复议规定〉的立法特色》,《中山大学学报》2004 年第 6 期。

16. 杨光斌:《制度变迁中的政党中心主义》,《西华大学学报》2010 年第 2 期。

17. 罗干:《政党制度化与国家治理:后发展国家政治发展的理论观察》,《江苏社会科学》2016 年第 3 期。

18. 俞可平：《中国民间社会研究的若干问题》，《中共中央党校学报》2007年第6期。
19. 吴祖泉：《解析第三方在城市规划公众参与中的作用——以广州市恩宁路事件为例》，《城市规划》2014年第2期。
20. 黄冬娅：《城市公共参与和社会问责——以广州市恩宁路改造为例》，《武汉大学学报》2013年第1期。

四 研究报告

25. 广东省人大常委会调研组：《番禺区外来人口的城市化与本土化》，载《城镇化进程中珠三角"村改居"治理体系及路径选择专题调研报告》，2014年（非公开出版）。
26. 国家统计局：《农民工监测调查报告》，2015—2019年，来源：国家统计局网站。
27. 广州市财政局：《2013年广州市垃圾处理项目小计评价简要报告》，2015年（内部材料）。
28. 吴治平、万向东等：《广州市异地务工人员服务体系建设调查报告》，2014年（内部资料）。
29. 艾媒咨询（iiMedia Research）：《2020年中国就业创业市场现状与趋势发展分析报告》。

五 网络资料

30. 杜鹃：《广州这些河湖如何成为全国整治样本？答案是》，2020年月19日，大洋网，来源：https：//news.dayoo.com/gzrbrmt/202007/19/158562_53440220.htm。
31. 《广州市第二届民间河长论坛聚焦治水新任务：多把目光放岸上，与民间力量同行》，广州治水投诉（微信公众号），2020年9月16日。来源：https：//mp.weixin.qq.com/s?subscene=17&__biz=MzIzNDk1Njk3Mw==&mid=

2247485958&idx = 1&sn = 96e4b0df263bff8418033426e69f47a8&chksm = e8ef3bc4df98b2d2c5fea4bd6b55101cb0d50f62b6168f3c1c29295b7b25fe86f1b3161b7fa9&scene = 7&ascene = 65&devicetype = android‐29&version = 27001339&nettype = WIFI&abtest_cookie = AAACAA%3D%3D&lang = zh_CN&exportkey = AlWLrdiMo93VKflFJFNrrHw%3D&pass_ticket = HX8r5o9jcrqgXmf5Wqc%2FQLa6o4QwrL81xGu7kD6eMqUbciiBenoDgnU%2F4uLMrs%2Bz&wx_header = 1。

32. 广州市新生活环保促进会：《车陂涌"最后的300米"》，2018年12月12日。来源：https：//mp.weixin.qq.com/s/vqaSwmzGKlfWVXC_Vq‐AIQ。

33. 《建设部城市建设司副司长王天锡在城市生活垃圾分类收集研讨会上的总结讲话》，2000年12月13日。来源：http：//www.law‐lib.com/fzdt/newshtml/22/20051027215123.htm。

34. 赵杨、陈建中：《广东总之信访维稳中心建设百花齐放》，《南方日报》2011年1月8日A07版。来源：http：//epaper.southcn.com/nfdaily/html/2011‐01/08/content_6913449.htm。